KB160424

전주양 행복론

매일 행복해지는 연습

전주양 행복론

매일 행복해지는 연습

초판인쇄 2024년 5월 31일
초판발행 2024년 5월 31일

지은이 전주양
펴낸이 채종준
펴낸곳 한국학술정보(주)
주 소 경기도 파주시 회동길 230(문발동)
전 화 031-908-3181(대표)
팩 스 031-908-3189
홈페이지 http://ebook.kstudy.com
E-mail 출판사업부 publish@kstudy.com
등 록 제일산-115호(2000. 6. 19)

ISBN 979-11-7217-354-8 03040

전주양 행복론

매일 행복해지는 연습

전주양 지음

이담북스

행복론에 관한 글을 쓰기로 결심을 했습니다. 그런데 아이러니하게도 어느 순간 우울증이 닥쳐왔습니다. 행복에 관해 늘 생각하며, 몰두하고 있었는데, 우울증이라니요? 황당했습니다. 난생처음으로 정신병원에도 가봤습니다. 생각보다 내원객이 많아서 놀랐습니다. 쉼 없이 달려온 결과 우울증에 걸렸던 것입니다.

행복에 관한 생각에 몰두한다고 절대로 행복해지지 않다는 걸 잘 알게 되었습니다. 행복해지려고 노력한다고 해서 행복해지지 않다는 것도 알았습니다. 행복은 자연스럽게 찾아오는 것이었습니다. 노력한다고 해서 오지도 않고, 절규한다고 해서 뒤돌아보지도 않다는 걸 알았습니다.

행복에 관한 책을 읽는다고 해서 행복해지지는 않을 것입니다. 오히려 더 불행해질 수도 있습니다. 다만, 행복에 관해 돌아보면서, 혹시 내가 놓치고 있던 것은 없었을까? 내가 인생을 잘살고 있는가? 내가 혹시 행복에 중독된 것은 아닐까? 하는 잠시 잠깐의 돌아봄의 시간을 가져봤으면 좋겠다는 생각입니다.

정신병원에서 처음으로 우울증 약을 먹던 날을 기억합니다. 정신이 몽롱해지고, 멍청해지는 기분이었습니다. 딱 한 번만 먹고 말았습니다. 대신 저에게 휴식을 주었습니다. 좀 더 느리게, 좀 더 천천히. 쉬니까 자연스럽게 좋아졌습니다. 그리고 이 책의 원고를 마무리 지을 수 있게 되었습니다. 이 책이 여러분에게 휴식이 되었으면 좋겠습니다.

행복에 관한 책을 읽는다고 해서
행복해질까?

전주양 행복론

매일 행복해지는 연습

권위에 눌리지 말라

...

세상이 공평해 보이지만, 실상은 불공평의 연속이다.

위가 있고, 아래가 있다.

위로 올라갈수록 권위가 생긴다.

아래에 있게 되면 이런 권위에 눌려 살게 되는데, 눌리지 마라.

거부하고 반항하라.

권위라는 것은 그들의 것을 지켜내기 위해 만들어낸 수단이다.

당하지 마라.

그러니 권위를 보게 되면 그냥 거부하고, 부셔 버리고, 반항하라.

행복은 정해져 있다

...

정말로 행복하고 싶은가?

남들보다 더 행복하고, 더 즐겁게 인생을 살고 싶은가?

가진 것이 없어도 행복할 수 있고, 출세하지 못해도 행복하고 싶은가?

하지만 행복이란 아무리 노력해도 더 행복해질 수는 없다.

행복은 정해져 있다.

자신에게 주어진 행복은 딱 그만큼만 정해져 있다.

그러니 더 행복하려고 노력하지 않아도 된다.

노력할수록 행복해지지 않는다.

자신이 갖고 태어난 행복만 제대로 누려도 많이 행복할 수 있다.

온전한 재밋거리를 가져라

...

온전한 나의 재밋거리가 있는가?

회사 다니고, 업무하고, 사람 만나는 그런 정형화된 일 말고,

온전히 내가 좋아하는 일 말이다.

때론 시간을 때우기 위해 회사에 나가기도 하고,

아르바이트를 하기도 한다.

노느니 돈이라도 벌자는 거다.

돈을 떠나 나에게 수많은 시간이 주어졌을 때 버틸 수 있는 재밋거리가 없다면,

권태로움에 싸이게 되어, 그때부터 고통이 시작된다.

차라리 바쁘면 생각이라도 없지,

권태로움에 빠지면 무척 힘들어진다.

재밋거리가 하나면 좋고, 두 개면 더 좋다.

과거는 잊어라

...

찬란했던 나의 과거는 얼마나 영광스러웠는가?
하는 일마다 족족 잘 되었고,
수많은 사람의 인기를 누리며 사는 맛이 났었다.
그러나 지금은? 그렇지 못하다면?

찬란했던 과거가 현재의 나를 옥죄는 형국이다.
어차피 과거의 일은 좋든 싫든 이미 끝난 결과다.
아무리 곱씹어 봐야 좋든 싫든 나를 떠난 결과일 뿐이다.
또 곱씹고 곱씹어 봐야 이미 끝난 결과다.
제아무리 곱씹어 봐야 나오는 상관없는 일이다.
더 씹어 봐도 그렇다.

미리 이별하라

...

힘든 일을 먼저 하라는 말이 있다.

이별도 미리 하라.

사랑하는 사람과 언젠가는 이별하게 된다.

그날을 생각해 보면서 미리 다져 놓아라.

닥쳐서 슬퍼하지 말고,

이미 닥친 것처럼 느껴 보라.

어떤가? 너무도 소중해지고, 그동안 너무 잘못하고 산 것 같지 않은가?

앞으로 시간이 더 있으면 더 잘해주고 싶지 않은가?

이미 이별함으로써 우리는 사랑하는 사람을 더 사랑할 수 있게 된다.

가족을 사랑하라

...

세상 사람들이 가장 잘못하는 일은 가족을 막 대하는 일이다.
자신을 끝까지 지켜 줄 가족에게는 예의 없이 굴면서,
한 번 보고 말 사람에게는 어찌 그리도 친절하단 말인가?

남에게 베푸는 친절의 1%만 더 써보라.
가족은 감동하게 될 것이다.
자신에게 누가 중요한지, 어떤 것이 필요한지 잘 생각해 보라.
세상 모든 이가 등을 져도 가족은 당신을 안아 줄 것이다.

내면에서 행복을 뽑아내라

...

주체적으로 행복할 수 있다. 외부 자극에 의해 행복해지는 방법을 택하기보다 우리의 내면에서 행복을 뽑아낼 수 있다. 외부 자극으로부터 행복을 찾는다면 급급해지고 더욱 갈구하게 되는 상태에 빠지게 된다.

그러나 내면 속에 있는 행복은 언제나 우리 옆에 있다. 그저 행복해지고 싶을 때 꺼내 쓰기만 하면 된다. 호주머니 안에 있는 구슬 같은 행복으로 늘 재미있는 구슬치기를 할 수 있다. 꺼내는 방법은 몰입이다.

행복 중독자가 되진 말라

...

좋아하는 일을 하면 행복해진다. '나 왜 살지? 행복해지려고'라는 깨달음에 달했을 때가 가장 위험하다. 행복을 지속적으로 추구하기 위해 안주하고, 도전하지 않기 때문이다.

행복만을 탐닉하게 되면 쾌락주의자의 길로 빠질 수 있다. 쾌락이 행복을 즉각적으로 선사하기 때문이다. 쾌락이 행복이라는 등식이 아님을 깨달았을 때는 이미 파탄의 길로 한참 지난 후라는 사실을 명심하라.

시간에 기대라

...

기분 나쁜 생각이 들면 내가 해결할 수 있는지 보고, 할 수 없으면 과감히 잊어라. 안 잊히면 겸허히 감당하라. 시간이 지나면 자연히 사라지게 될 것이다. 시간에 기대어 살아라.

시간은 흐른다. 그리고 모든 것을 해결해 준다. 자연도 시간이 흐르면 자연정화가 되고, 우리의 생각도 시간이 흐르면 깨끗해진다. 그저 담담히 내려놓고, 기대기만 하면 된다.

유한해서 행복하다

...

우리는 모두 죽는다. 왕건도 죽었고, 카이사르도 죽었다. 잘나든 못나든 모두 공평하게 죽는다. 즉 우리는 유한한 존재들이다. 왔으면 반드시 가야만 하는 실체다. 그래서 행복하다.

영원히 산다면 얼마나 불행할까? 영원히 일해야 하고, 관계를 맺어야 하고, 시시콜콜한 일에 치여야 하고, 살기 위해 아등바등 거려야 한다. 죽을 수 있기에, 끝이 정해져 있기에 그동안만 열심히 살면 된다. 영원히 열심히 살 필요가 없는 것이다.

손으로 편지를 써라

...

사랑하는 사람이 생기면 SNS 메시지를 보내지 말라. 직접 만날 수 없다면 편지를 써라. 직접 고백하기 힘들면 손편지를 써라. 자신의 육필로 정성스럽게 써내려 가라.

구시대적 발상 같지만, 효과는 다르다. 찍어 낸 듯한 폰트로는 사람의 감정을 쉽사리 움직이기 어렵다. 삐뚤빼뚤한 나의 글씨에는 내 모습이 그대로 스며있고, 좀 더 반듯하게 쓰기 위한 몸부림이 녹아 있기 때문이다.

감정을 글로 써라

...

화가 나거나 슬픔이 찾아올 때는 글을 써라. 글을 못 써도 된다. 그저 충분히 자신의 감정을 다루기만 하면 된다. 현재 나의 감정이 어떤지. 그 감정으로 인해 나는 지금 어떤 상태인지. 그 감정에 집중하라.

내 감정에 집중해라. 사실 관계는 중요하지 않다. 사실의 인과 관계를 파고들지 말라. 그저 내가 어떻게 느끼고, 어떤 감정을 느끼는지에만 초점을 맞춰 글로 풀어내라. 분석하지 말고, 내 감정을 토해내라. 나를 돌보라.

단순해져라

...

이 일 저 일 다반사로 할 때보다 몇 가지 일로 단속해 놓으니 행복도가 올라간다. 여러 일을 할 때는 몸만 바쁘지 집중하지도 못한다. 꼭 해야 하는 일만 하게 되면 삶이 단순해져서 여유가 생긴다.

TV도 봐야 하고, 유튜브도 챙겨야 하고, 드라마도 보고, 책도 읽어야 하고, 게임도 조금 해야 하고, 글도 써야 하고, 골프도 쳐야 하고, 수다도 떨고, 산책도 하며 이것저것 해야 할 게 많아질수록 나를 잃게 된다. 이 중 딱 3가지만 해보라.

좋은 사람들과 교류하라

...

행복의 기본인 의식주가 해결되었다면 그다음 준비해야 할 일은 인간관계다. 돈이 우선이 아니다. 인간관계가 먼저다. 괜찮은 사람, 날 편하게 해 주는 사람, 의지할 수 있는 사람, 믿을 수 있는 사람이 많을수록 행복도는 올라간다.

주변에 좋은 사람들이 가득하면 행복할 수 있다. 서로 의지하면서, 얘기하면서, 나누면서 살아간다면 그보다 괜찮은 인생은 없을 것이다. 혼자 잘나서 떠들기만 해봐야 고독해질 뿐이다.

운동하라

...

오래 살려면 운동을 해야 하는 건 당연하지만, 행복하게 살려고 하는데도 운동은 필수다. 독서보다도 운동이 뇌신경 발달에 더 큰 영향을 준다는 연구 결과도 있다.

기분 전환에 운동이 좋다. 몸을 놀리게 되면 땀이 나고, 땀은 우리의 몸과 마음을 깨끗하게 씻어준다. 새롭게 다시 시작할 수 있는 힘을 주며, 안 좋은 기분과 기운을 씻어 내린다.

인생에 성공하라

...

성공한 사람들은 간혹 이런 말을 한다. 일에서는 성공했지만, 인생에서는 실패한 것 같다. 가수로서는 성공했지만, 인생은 실패한 것 같다. 직업적으로는 성공한 듯싶은데, 전체적으로 놓고 볼 때 행복하지 않은 인생이었다.

그렇다면, 성공과 행복은 같지 않다는 것을 알 수 있다. 우리는 이렇게 목표를 잡아보면 어떨까? 일에서는 성공하지 못했지만, 인생은 꽤 성공한 것 같다. 부귀영화는 못 누렸어도 든든한 배우자, 착한 아이들, 건강한 정신과 몸, 우정을 나눌 친구를 두었기에 행복했다.

일만 하지 말라

...

일을 하면 돈이 생긴다. 그래서 일이 좋다. 돈 버는 재미가 쏠쏠하기 때문이다. 그러다 보니 일 중독에 걸리기도 한다. 출근해서 일하고 집에 돌아와서 일하기도 한다. 휴일을 반납하고 일에 매진한다.

보람도 느끼고, 보상도 확실하니 기분도 좋다. 일에 집중하면서 집중에서 오는 행복도 느끼게 된다. 그런데, 일만 하지 말라. 일 말고 다른 재밌거리도 해야 일도 오래 할 수 있다. 일과 놀이를 혼동하지 말라. 일에서는 충전이 확실히 되지 않는다.

과한 정보를 거둬라

...

과거에는 정보에 목을 멨다. 정보를 가진 자가 강했다. 이제는 누구든 정보에 접근이 가능해졌다. 정보의 질이 중요해졌다. 중요도를 구분할 수 있는 분별력이 필요해졌다.

정보화 사회라 수많은 정보가 넘쳐난다. 그래서 나에게 쓸모없는 것까지도 레이다망에 걸린다. 걸리는 것으로 끝나면 모를까. 그게 나의 마음을 우울하게 만든다. 정보가 과해서다.

운명론자가 되어라

...

개개인만의 운명을 타고 태어난다. 노력을 하는 것도 운명이요, 노력하다 만 것도 운명이다. 위대한 작가가 되기 위한 목표를 세운 것도 운명이요, 이를 도중에 포기하는 것도 운명이요, 끝까지 하는 것도 모두 개개인의 운명이다.

운명을 믿으면, 만족이 생긴다. 병마와 죽음도 두렵지 않게 된다. 그 모든 과정과 결과를 그대로 받아들일 수 있다. 100살까지 살고 싶은데 도중에 병에 걸려 죽는 것도 운명이다. 모든 것이 다 주어진 것이다. 그걸 믿는 순간 행복해진다.

힘 빼고 살아라

...

인생은 한 번 왔다가는 거다. 너무 진지하게, 너무 빡세게 살지 말라. 주먹을 늘 꽉 쥐고 싸울 수 없다. 쥘 때 쥐고 뺄 때 빼야 훌륭한 권투선수가 되듯이 그렇게 힘을 써야 한다.

평균치보다 더 웃으면서 사는 사람들이 있다. 이들은 그것을 잘 안다. 몰라도 그렇게 살기 때문에 여유가 있게 된다. 여유는 돈과 지위에서 오는 게 아니라 마음에서 온다. 마음을 쥘 때 쥐고, 펼 때 펴면서 살아보라.

시련을 굳이 이기려 하지 말라

...

시련이 찾아오면 벗어나려 하지 말고 잠시 시련에 몸을 기대라. 시련이 온 만큼 받아주어라. 그리고 힘들어 해라. 굳이 피하려 하지 말라. 굳이 웃으려 하지 말라. 그저 시련이 왔으니 나는 힘들어 하련다, 라고 생각하라.

시련이 와도 오래가지 못한다. 영원히 시련 속에 있을 수 없다. 시간이 흐르면 또 다른 기운이 도래한다. 반등의 시기가 반드시 온다. 그러면 툭툭 시련을 털어버리고 다시 시작하면 된다.

마법의 주문을 가져라

...

좌우명이 됐건, 슬로건이 됐건, 기도문이 됐건 늘 읊조릴 수 있는 문구를 하나 구하라. 시간이 날 때마다 읊어라. 그게 자신을 강하게 만들어준다. 나는 행복하다, 나는 건강하다, 나는 밝고 명랑하다 같은 문구도 좋다.

습관으로 만들기 위해서는 손바닥에 써놓고 볼 때마다 하라. 그게 안 되면 밥을 먹을 때마다 하라. 그러면 최소 하루에 3번은 할 수 있다. 버스 정류장을 지날 때마다 하든지, 글자 '우'를 볼 때마다 하든지.

집중하고 몰입하라

...

자신이 좋아하는 일은 보통 집중하게 된다. 누가 하지 말라고 해도 집중한다. 왜 집중할까? 집중이 행복을 가져다주기 때문이다. 몰입하고 있으면 삼매에 빠진다고 한다. 삼매는 궁극의 즐거움이다.

좋아하지 않는 일에 적용해도 된다. 일하는 게 싫은데, 일에 집중할 수있다. 집중하는 순간 그 싫던 일에서 행복을 느끼게 된다. 고로 행복은 좋아하는 일에서 오는 것이 아니라, 집중과 몰입에서 오는 것이다.

불안감을 파고들지 말라

...

우리의 인생은 늘 불안하다. 당연하다. 불안감을 느끼기에 보다 신중하게 인생을 살 수 있는 것이다. 그러나 이런 불안감은 1단계에서 멈춰야한다. 불안감을 자꾸 파고들어 자신의 무덤을 파지 말라.

내일 해고되면? 우리 가족은? 돈은 어찌 벌지? 어디로 다시 취직하지? 한 달에 300만 원은 있어야 하는데? 그 돈을 어디서 벌지? 안 짤리는 방법은? 계속 생각해봐야 자기 무덤을 파는 꼴밖에 되지 않는다. 잘리고나서 생각해도 늦지 않다. 쫓기듯 인생을 살지 말라. 행복의 밥그릇을스스로 차지 말라.

느긋해져야 한다

...

편리해지고, 편리해지고, 편리해지면 시간단축 현상이 일어난다. 그러면서 더 오랜 시간 나에 대한 시간이 늘어난다. 이는 행복할 것 같은 일이지만, 결코 행복과는 반대의 길일 뿐이다.

옛날의 삶은 기다림이 대부분이었다. 편지를 써도 답장이 오기까지 오랜 시간이 걸렸다. 어떠한 일이든 지금과 비교해서 굉장히 오랜 시간이 걸렸다. 느렸지만 불행하지 않았다. 우리는 빠르지만 그럴수록 덜 행복해진다.

결단하라

...

행복해지겠다고 먼저 결단하라. 상황에 좌지우지되지 않고, 어떠한 상황에서든 행복할 수 있다고 결단하라. 같은 상황도 어떻게 결단을 내렸는가에 따라 달라질 수 있다.

기본값을 행복으로 세팅해 놓으면 행복해질 일이 더 많다. 남에게 불행한 일도 나에게 행복으로 전환될 수 있다. 나의 결단이 어떻게 서 있느냐에 따라 달라질 수 있다. 그대 오늘 불행한가? 결단부터 다시 내려라.

취미는 취미로 남겨라

...

취미를 일로 만들지 말라. 취미는 취미로 끝내야지 취미에서 뭔가를 만들려고 하지 말라. 그러는 순간 일이 돼 버린다. 일이 되면 재미있던 일도 재미없어지게 되고, 고역이 된다.

취미를 발전시켜 본업으로 만드려고 하지 말라. 취미 자체에서 오는 본질의 즐거움만을 만끽하라. 소비형 취미로 그쳐야지, 생산성 취미로 발전시켜 굳이 행복을 반감시키지 말라.

벤치에 앉을 여유를 가져라

...

시간이 차고 넘친다. 그럼에도 불구하고 우리는 벤치에 앉아 단 몇 분도 버티지 못하고 만다. 잠시 시간만 내면 되는데, 그런 여유조차 없이 살아간다. 여유가 없으니 늘 전전긍긍하면서 하루를 보낸다.

그렇게 보낸 하루에 보람을 느낀다. 하루하루가 그렇게 쌓여간다. 매우 열심히 산 것 같지만, 돌아보면 뭔가 허전하다. 늘 바쁘게만 살아왔기 때문이다. 잠시 쉬면서 가도 괜찮다. 우리의 엉덩이를 잠시 벤치에 빌려주라.

권위에 항거하라

...

의사 가운을 입고 있는 분 앞에서 서면 우리는 작아진다. 그의 말이 전부일 것만 같고, 말을 잘 들어야 할 것만 같다. 법복을 입고 있는 분 앞에 서도 마찬가지다. 왠지 순순히 협력해야만 할 것 같다.

물론 이러한 일들이 사회적 평화에 기여할지는 몰라도, 행복에는 전혀 해당 사항이 되지 않는다. 이런 권위에 따르지 않을 때 행복해질 수 있다. 왜냐면 내가 아프지 않으면 의사 앞에 가지 않을 것이고, 내가 죄가 없으면 판사 앞에 가지 않을 것이기 때문이다.

욕망과 능력이 일치해야 행복하다

...

내가 할 수 있는 것을 능력이라 말한다. 내가 하고 싶은 것은 욕망이라 말한다. 능력과 욕망이 불일치될 때 우리는 행복하지 않다고 생각한다. 욕망과 능력이 일치될 때 행복을 느낀다.

그러니 쉽게 해결할 수 있다. 욕망이 능력보다 크면 욕망을 낮추든지 능력을 키우면 된다. 욕망을 낮출지, 능력을 올릴지는 본인의 취향, 개성, 삶의 방식, 가치관에 따라 결정하면 된다.

아무것도 하지 않은 상태가 행복이다

. . .

아무것도 하지 말라. 그 어떤 것도 하지 말라. 앉지도 말라. 누우라. 눕고 아무것도 하지 말라. 핸드폰을 보지 말라. 생각하는 것조차도 하지 말라. 생각이 들면 생각을 쫓아라. 멍한 상태라야 한다.

누웠으니 잠이 올 것이다. 잠이 오면 잠을 자라. 그리고 잠에서 깨어서 다시 아무것도 하지 말라. 더 이상 잠이 오지 않을 것이다. 핸드폰을 들지 말라. 가만히 있으라. 생각이 오면 생각을 쫓고 멍한 상태를 유지하라. 이런 여유를 가질 수 있는 것 자체가 행복이 된다.

너무 많은 일을 하지 말라

...

인간이란 욕심이 끝이 없기에 더 많은 일을 하고 싶어 한다. 여기서 말하는 일이란 고단한 일이 아니라 자신에게 기쁨을 주는 모든 것을 말한다. 이것도 하고 싶고, 저것도 하고 싶고, 다 하고 싶다.

인간이 로봇처럼 뚝딱하고 충전하면 가능할 텐데, 우리는 그렇지 못한 유한한 체력을 가지고 있다. 그렇기에 다 할 수 없다. 어느 하나를 아니면 둘 정도, 아니 그래 조금 더 욕심을 내서 셋 정도만 하고 나면 진력이 빠진다. 다 하려고 하는 마음에 조급해지고, 급급해지고, 급해지고, 결국엔 뻗는다.

공명의 시간을 가져라

...

세상이 너무 꽉 찼다. 너무 바쁘고, 너무 많고, 너무하다. 퇴근했어도 이메일과 메신저와 메시지로 우리를 괴롭히고 있다. 진정한 퇴근은 사라져 버렸다. 사무실과 집의 경계가 허물어져 버렸다.

그뿐인가? 소셜 미디어로 인해 우리는 관심도 없는 남의 일상을 관음증 환자처럼 몰래 보게 되었다. 남들이 해외여행을 어디를 갔는지, 무엇을 구매했는지, 무엇을 이뤄냈는지 부지불식간에 알게 되어, 자연히 비교로 이어져 우리를 불행하게 만들고 있다.

걱정을 객관화하라

...

누구나 걱정을 한다. 하지 않고 싶지만 하게 된다. 걱정 없이 살고 싶은 데 걱정이 자꾸만 생긴다. 이를 어쩐다. 늘 긍정적이고 행복하게만 살고 싶은데 그게 잘 안 된다.

걱정이 떠오르면 걱정을 객관화하라. 걱정을 주관화하여 내 것으로 만들지 말고, 객관화하여 남의 것으로 만들어버려라. '내가 지금 걱정을 하고 있구나', '내가 지금 돈을 걱정하고 있구나', '내가 내일 출근할 걱정을 하고 있구나', '내가 건강을 걱정하고 있구나'라고 객관화시켜 버려라.

동영상을 멀리하라

...

눈과 귀를 동시에 홀리는 영상 매체를 멀리하라. 나의 영혼이 빠져나간다. 영혼이 빠져나가면 온전한 나로 살 수 없게 되고, 시간만 죽이게 된다. 잠시 잠깐 이용은 할 수 있겠지만, 하루 온종일은 문제가 큰 것이다.

눈만 이용하는 독서를 하든지, 귀만 쓰는 라디오 방송은 괜찮다. 언제든 내가 '스톱'할 수 있다. 나를 통제할 수 있어야 온전히 나로 살 수 있게 된다. 매체를 이용한 기쁨은 쾌락일 뿐이지 그걸로 행복해질 수는 없다.

초심을 잃지 말라

...

자신이 해 놓은 것에 기대어 살지 말라. 어떤 일이든 수년간 하게 되면 소위 노하우라는 것이 생긴다. 또 전문가 대접을 받기도 한다. 이런 것들이 자꾸 쌓이면 어깨에 뽕이 잔뜩 들어가게 되면서 기득권이 되어 간다.

꼰대가 되어가는 과정이다. 이런 것들을 버려야 한다. 다시 맨땅에서 시작하는 마음으로 처음으로 돌아가야 초심을 잃지 않고 살아갈 수 있다. 초심을 잃게 되면 단골 고객이 도망간다. 초심을 잃게 되면 과거의 영광에 갇혀 삶이 비루해진다.

계속 성장하라

...

인생이 따분하다는 건 성장이 멈췄기 때문이다. 이미 작은 성공을 이룬 사람들이 빠지기 쉬운 함정이 바로 성장이 멈춰서다. 더 이상 성장하지 않아도 풍족한 삶을 누릴 수 있으니 그걸로 만족할 것 같지만, 실상은 아니다.

성장이 멈춘 순간부터 행복과는 반대로 가는 열차를 타게 된다. 목표를 잡고 이루기 위해 노력하는 과정이 고난이 아닌 행복이었다는 것을 뒤늦게 알아버린다. 따라서 죽을 때까지 성장할 수 있어야 행복할 수 있다.

행복을 탐닉하지 말라

...

우리를 행복하게 해 주는 것들이 있다. 자신이 좋아하는 것들이다. 영화 보기, 책 읽기, 글쓰기, 골프 치기, 당구 치기, 기타 치기, 그림 그리기 등 등 많다. 이런 일을 하고 있으면 시간 가는 줄 모른다.

그러니 행복한 줄로 안다. 그래서 마구 탐닉한다. 매일 한다. 한번 했다 하면 3시간이고 4시간이고 한다. 몸이 망가지는 줄도 모르고 계속한다. 손에 변형이 생기는 줄도 모르고 계속한다. 이게 행복인 줄 착각한다. 몸은 망가지는데.

나에게 선물하라

...

남에게는 선물을 곧잘 한다. 없는 시간도 쪼개서 만나기도 하고, 비싼 물건을 덥석 사서 주기도 한다. 그렇게 남에게는 잘하는데 왜 정작 자신에게는 못하는가?

남에게는 그렇게도 시간을 잘도 쓰면서, 남에게는 그렇게도 돈도 잘도 쓰면서, 왜 나에게는 그렇게 홀대를 하는가? 내가 나를 사랑해 주지 않으면 도대체 나는 누가 사랑해 줄 것인가?

죽음이 두렵지 않도록

...

나이를 먹는다는 것은 점점 죽음이 가까워진다는 의미다. 나의 어머니는 이제 70을 넘어섰다. 기분이 어떨까? '이제 점점 죽으러 사는구나'라고 느끼지는 않을까?

늙고 몸이 말을 듣지 않고 경제적으로 허약하고 점점 외로워질 때 죽음은 보다 가까이 있게 되고, 두려워지게 된다. 늙는 건 슬픈 거라고 말한다. 이런 모습이 되지 않기 위해서 우리는 어떻게 해야 할까? 죽음을 환영하는 자세로 살면 된다.

종교에 귀의하라

...

어떻게 해도 행복할 수 없다고 판단된다면, 종교를 찾아라. 성정이 우유부단하고, 굳세지 못하다면 딱이다. 그냥 종교를 만나면 된다. 될 수 있으면 대중적으로 증명된 종교를 찾아라. 사이비를 믿다간 골로 갈 수 있으니.

종교마다 생각이 다르다. 자신의 색깔과 비슷한 종교를 택하면 된다. 어떤 신을 믿든, 어떤 가치를 추구하든 자신과 맞는 종교를 택해야 행복할 수 있다. 하나면 경험하지 말고, 두루 경험한 뒤 자신에게 맞는 종교를 찾아라.

시간이 빨리 가는 이유

...

시간은 왜 이렇게 빨리 갈까? 10대는 10km의 속도로, 30대에는 30km의 속도로, 60대에는 60km의 속도로 간다는 말이 있다. 나이가 들수록 시간이 빠르게 느껴진다.

이유는 간단하다. 주말만 기다리며 살기 때문이다. 주말이 빨리 오기만을 기다리며 평일을 보내니 현재의 소중함을 잊곤 한다. 기다리던 주말이 다 가면 또 한숨을 푹 쉬면서 다음 주말을 기다리기 때문이다.

노래를 불러라

...

자신에게 힘을 주는 노래 하나쯤은 마련해 둬라. 기운이 빠질 때, 힘이 필요할 때 꺼내 들어라. 기분을 상쾌하게 만들어 주는 음악을 하나 정도는 보유하고 있어라. 세상을 살아가는 데 힘이 되어 줄 것이다.

듣는 것에 그치지 말고, 직접 불러 보라. 맥없던 몸이 되살아나게 되며, 무한의 힘이 솟구쳐 오름을 느낄 수 있다. 그런 노래가 없다면 어서 찾아보아라. 그래도 없다면 〈Been like this〉는 어떤가?

그냥 주어라

...

주고받는 것에 연연하지 말라. 주면 그걸로 끝내라. 주었다고 받으려고 하지 말라. 거래로 살면 인생이 각박해지고, 힘들어진다. 그냥 주어라. 순수한 마음으로 그냥 주어 봐라.

어떤가? 해 봤는가? 그냥 주려니 속이 쓰린가? 반대로 뭔가 잔잔한 감동이 몰려오는가? 경험을 직접 해 봐야 이 느낌을 알 수 있다. 친구가 100만 원을 꿔달라고 하면 그냥 줘 봐라. 물론 여유가 된다면.

건강이 최고다

...

사실 건강이 기본이며 최고로 추구할 가치이기도 하다. 건강하지 못하면 행복할 수도 없다. 건강은 기본 중의 기본이다. 우리 몸에 꼭 필요한 산소처럼 건강 또한 그러하다.

건강을 챙겨라. 건강할 때부터 건강을 챙겨라. 그리고 지금 건강한 것에 감사하라. 더 많이 가지려 하지 말고, 더 많이 명예를 드높이려 하지 말고, 그저 건강한 것에만 감사하라. 그것만으로도 행복의 조건이 충분하다.

욕은 거꾸로 말하라

...

화가 나면 욕이 나온다.

어쩔 수 없다.

누구나 욕은 한다.

다만 남에게 보여지지 않을 뿐이다.

화가 나면 욕을 할 수 있다.

해도 된다.

그런데 듣는 사람이 거북해진다.

말하는 자신도 거북해진다.

욕을 하되 거꾸로 내뱉어 보라.

'발씨'라고 말하고,

'끼새개'라고 말해 보고,

'네같좆'이라고 말해 보라.

갑자기 웃음이 터지면서 기분이 좋아질 수도 있고,

인생의 각박함에 잠시 여유를 느낄 수도 있다.

유언장을 미리 써라

...

누구에게나 죽는 순간은 온다. 아무리 잘난 사람도, 아무리 못난 사람도, 잘사는 사람도, 못사는 사람도, 잘생긴 사람도, 못생긴 사람도, 유명한 사람도 유명하지 않은 사람에게도 죽음의 순간은 반드시 찾아온다.

죽기 직전에야 유언장을 쓰는데, 지금 써보라. 언제 죽을지 모르니 미리 써보라. 내일 당장 죽는다고 생각하고 써보라. 지금 살아 있음에, 지금의 고통은 오히려 반가움으로 다가올 수 있음에 감사할 것이다.

꿈을 줄곧 상상하라

...

꿈이 있다는 건 그것만으로도 행복한 일이다. 꿈을 이루지 못해도 꿈을 꾸는 순간만큼은 우리에게 행복을 준다. 상상만으로도 행복해질 수 있다는 말이다. 그렇다면 계속 상상할 수만 있다면 된다는 것인가?

그렇다. 줄곧 자신의 꿈을 상상하라. 시간이 날 때마다 상상하고, 알람을 맞춰 놓고 매시 상상하라. 돈도 들지 않고, 시간도 많이 필요치 않다. 누구나 할 수 있고, 누구나 행복할 수 있다.

안 될 때는 쉬어라

...

마음만 급하고 뭔가 안 될 때는 그냥 쉬어라. 쉬어가라는 신호다. 아무리 열심히 해도 안 되는 것 같을 때 그냥 쉬어라. 쉬어도 된다. 아니 쉬어야 한다. 해도 안 될 땐 그냥 쉬어라.

쉬다 보면, 쉬고 나면 이상하게 잘 될 때가 있다. 그냥 쉬었을 뿐인데, 잘된다. 골프채 3번 우드를 들고 아무리 휘두를 때는 되지 않더니, 한 일주일 푹 쉬고 나니까 기가 막히게 빨랫줄처럼 날아가는 공을 맛볼 수 있는 것처럼.

힘들 땐 일에 매몰되라

...

심적으로 부담이 될 때, 갖은 고통이 찾아올 때, 심장이 쿵쾅쿵쾅 뛸 때, 조바심이 날 때, 불안할 때, 조급할 때 우리는 어쩌는가? 거기서 빨리 벗어나는 방법은 일에 매진하는 것이다.

일이 없다면 할 일이라도 만들어라. 9시 설거지, 10시 방 청소, 11시 산책, 12시 점심, 13시 쓰레기 줍기, 14시 수영장 가기 등등으로 일과표를 꽉꽉 채워 넣고, 그에 충실히 따라라. 불안한 감정을 충분히 잊을 수 있을 것이다.

만남을 소중히 하라

...

오늘 만난 친구의 뒷모습이 마지막이 될 수 있음을 상기하라. 오늘 아침 출근할 때 봤던 아내의 얼굴이 마지막이 될 수 있음을 기억하라. 왜냐면, 지금 당장 죽을 수도 있기 때문이다.

우리는 언제든 죽음과 맞닿아 있다. 길을 가다 차에 치여 죽을 수도 있고, 급작스런 심장마비로 갈 수도 있고, 모르는 사람의 칼부림으로 죽을 수도 있다. 인생은 그렇게 허무하게 끝날 수 있음을 알아차려라.

시간 약속을 지켜라

...

시간은 금이다. 금은 살 수나 있지 시간은 살 수도 없다. 남과 약속한 시간은 반드시 지켜라. 상대방을 배려하는 행동이고, 상대방의 행복을 짓밟지 않는 행동이다.

5분이 늦으면 나는 그의 행복 5분을 앗아간 것이 되며, 10분이 늦으면 10분을 폭행한 것이 된다. 약속에 늦게 가면 나 또한 행복하지 않게 된다. 남과 나에게 전혀 도움이 되지 않는 행동이다.

낭독하라

...

따분할 때, 유튜브 동영상을 보는 것이 쾌감을 준다. 시간이 잘 간다. 행복한 것같이 느껴진다. 근데 보고 나면 후회한다. 시간이 아깝다는 생각이 든다. 괜히 시간만 낭비했다는 자책이 든다.

따분할 때, 책을 소리내서 읽어라. 아무 책이든 좋다. 눈으로 읽지 말고, 꼭 소리내서 읽어라. 될 수 있으면 아나운서가 된 듯, 성우가 된 듯, 잔뜩 힘을 주고 읽어 보라.

권태를 즐겨라

...

사람은 심심함을 못 참는 동물이다. 사람은 똑똑하기 때문에 심심한 걸 못 견딘다. 뭐라도 해야 직성이 풀린다고들 말한다. 가만히 있지를 못한다. 지능이 높은 동물의 특징이다.

생산적이라는 미명 하에 많은 이들이 몸을 움직이든지, 뭔가를 만들든지, 뭐라도 한다. 가만히 있으면 생산적이지 못하다는 말로 핀잔을 주기까지 한다. 인간의 생겨먹음이 이러해서 계속 움직이지 못하면 권태를 느끼고 행복하지 않다고 생각한다.

비교하지 말자

...

우리는 부대끼며 살기 때문에 당연히 남과 비교하게 된다. 이런 비교의 마음이 들면, '아 내가 또 불행의 길로 가고 있구나'라고 자각하라. 그리고 비교를 당장 멈춰라.

아무리 잘 싸우는 사람도 그보다 잘 싸우는 사람이 있다. 아무리 잘난 사람도 그보다 잘난 사람이 있다. 세상은 그렇게 돌고 돈다. 비교하면 반드시 진다. 이런 지는 게임을 스스로 나서서 할 필요는 없다.

웃음이 기본으로

...

마냥 웃는 것을 디폴트값으로 정하라. 힘들어도 웃고, 괘씸해도 웃고, 화가 나도 웃는 거다. 화가 나면 허허 웃고, 괘씸해도 허허 털어버리고, 힘들어도 허허 하라.

웃음이 기본이 되면, 같은 일도 쉽게 웃어 넘겨버릴 수 있다. 세상사가 마음과 같지 않다. 나의 욕망과 세상사와의 간극은 웃음으로 메꿀 수 있다. 웃음은 윤활유가 되어 우리의 삶을 만든다.

일하라

...

빨리 은퇴해서 넉넉한 자금으로 먹고 놀고 싶은 이들이 참 많다. 부럽지 않다. 왜냐면 그들은 분명 권태를 경험하게 될 것이 뻔하기 때문이다. 노는 것도 정도가 있지, 마냥 놀면 재미가 없다.

쾌락의 끝은 파멸이다. 성욕이 강한 자의 말로가 변태성욕자로 변질되는 꼴과 같다. 은퇴하고 나서의 기쁨은 1년을 넘지 못한다. 그래서 다시 일에 복귀한다. 일하면서 느끼는 쾌감 또한 만만치 않기에.

게임 한 판 끝내고 가는 거다

...

우리가 사는 세상이 실존하는 곳이 아니다라는 이론이 있다. 영화 매트
릭스 같은 가상 세계를 말한다. 양자역학적으로 파고들어 가면 물질은
연속성보다는 단속성을 갖고 있음을 알 수 있다.

물이 흐를 때 눈으로 볼 때는 연속적으로 흐르지만, 전자 현미경으로 자
세히 관찰해보면 단락이 보인다는 것이다. 우리는 어쩌면 게임 한 판 하
듯 인생을 살고 있을지 모른다.

포기하지 마라

...

행복을 포기하지 말라. 행복할 수 없을 것 같은 상황 속에서도 포기하지 말라. 언젠가는 행복해질 거라 믿어라. 지금 당장 아무것도 보이지 않고 희망도 없을지언정 그래도 그래도 행복을 포기하지 말라.

포기하는 순간 모든 희망은 없어진다. 희망이 없으면 살아갈 동력을 잃게 된다. 동력이 없으면 죽은 목숨과 다를 바 없다. 그저 마음 한 켠에 두고 잠깐 꺼내 볼 수 있을 정도의 희망이라면 된다. 포기라는 단어는 배추를 셀 때만 써라.

먼저 인사하라

...

고민하지 말고 먼저 인사하라. 내가 쟤보다 나이가 많으니까 인사를 먼저 받아야지, 라는 꼰대적 사고를 버려라. 먼저 본 놈이 하는 게 인사다. 누군가 인사를 하면 반갑게 맞아 주어라. 고개만 까딱하고 말 게 아니다.

인사란 내가 왔음을 의미한다. 내 인생을 잔뜩 끌고 왔음을 의미한다. 그런 그를 홀대하지 말라. 가장 편하게 상대를 배려하는 마음이 녹아 있다. 가장 먼저 친절을 베풀 수 있는 행위가 인사다.

결과는 중요치 않다

...

결과 위주의 삶으로 우리는 너무도 피폐해지고 있다. 공부 1등! 매출 1등!만 외쳐대니 그럴 수밖에 없다. 자본주의 사회가 만든 병폐다. 그래서 과정보다는 결과를 중시하는 태도에 잠식되어 자신도 모르게 그런 삶을 살게 된다.

잘하는 것과 못하는 것을 굳이 나누며 살지 말라. 그냥 하는 거다. 골프를 치더라도 싱글을 치네, 버디를 치네라고 평가하지 말라. 그저 골프를 하는 행위 자체에 만족해라. 그러면 매 홀 행복하게 골프를 즐길 수 있을 것이다.

그림을 그려라

...

유치원에 다니기 전부터 우리는 그림을 그렸다! 배워서 그리지 않았다. 우리는 벽지며, 창문이며 크레파스로 그림을 마구 그렸다. 무려 엄마에게 혼나면서까지! 우리는 이미 예술가였다.

살다 보면 그림을 직업으로 갖지 않는 한 그림을 잘 그리지 않게 된다. 돈도 안 되고, 명예도 드높일 수 없으니 하릴없는 하찮은 일로 치부하기 때문이다. 하지만 그림을 그리는 순간 우리는 동심의 세계로 들어갈 수 있으며, 그 동심이 우리의 가슴을 뛰게 만들 수 있다.

외국어는 하나 하라

...

외국어를 잘할 필요는 없지만, 그냥 매일 조금씩이라도 외국어를 습득하라. 못해도 된다. 잘하려고 하지 말라. 그저 외국어를 배우는 행위 자체에 만족을 느껴라. 실력은 평가하지 말라.

기술 발전으로 외국어 습득이 필요하지 않겠지만, 나 자신을 위해서 해야 한다. 단어를 외우는 행위로 뇌를 활성화시킬 수 있다. 외국어로 바꿔 말하려는 노력으로 두뇌 회전을 빨리할 수 있다. 뇌가 건강해야 오래 살고, 깨끗하게 죽을 수 있다.

샀으면 버려라

...

물건을 집에 쌓아 두지 말라.

필요한 물건을 샀으면 산 만큼 버려라.

만약 버리지 않으면 시간이 갈수록 집은 점점 좁아지게 될 것이고,

쓰레기는 더 늘 것이며, 정신 상태는 몽롱해질 것이다.

주변을 정갈히 정돈해야 정신이 맑아진다.

공부를 잘하는 사람, 일을 잘하는 사람의 구별법은 간단하다.

그의 책상만 보면 안다.

깔끔하게 정돈되어 있는지 마구 어지럽혀져 있는지.

그게 바로 그 사람의 정신 상태를 말해 주는 것이다.

잘 싸워라

...

싸움을 피하지 말라.

갈등을 모른 척 져버리지 말라.

적극적으로 달려들어서 따지고 묻고 싸워라.

싸움을 두려워하지 말라.

갈등을 풀기 위해서는 싸워야 한다.

소리 지르고, 분위기가 한껏 무르올라 격정의 소용돌이에 휩싸일지라도

싸워야 한다.

그래야 풀리고, 그러면서 갈등이 해소된다.

묻어두면 없어지지 않는다.

속에서 곪을 뿐이다.

잘 싸우고, 잘 마무리 지으면 된다.

거창함을 버려라

...

거창하게 살지 말라.

거창한 목표를 잡지도 말라.

그저 소소하게 주어진 삶을 살아가는 편이 낫다.

거창한 것은 이루어지지도 않고, 이루어진다고 해도 오래 걸린다.

그걸 버티는 게 더 힘들다.

소소하게 살아가다 보면, 소소한 목표들이 생기게 된다.

그 소소한 목표들을 하나씩 이루면서 살다 보면, 티끌 모아 태산이 되듯,

소소함이 거창함으로 변하게 된다.

거창함은 그렇게 이루어지는 거다.

책을 읽어라

...

책은 만고의 보물이다. 책이 인류사에 출현하면서 인류 문명의 발전은 급속도로 이루어졌다. 그것이 바로 책의 힘이다. 개인의 삶에 적용해 보아도 좋다. 책을 읽는 사람의 능력과 교양은 급속도로 성장할 것이 자명하다.

독서를 할 때 하루에 1시간 해야지 하면 절대로 오래 유지할 수 없다. 단 하루에 끝나는 독서로 머물고 말 것이다. 그보다는 단 1분만 매일 꾸준히 독서를 해야지로 마음먹어라. 그러면 꾸준히 독서하는 모습을 발견하게 될 것이다.

순수하라

...

아침이 설레는 삶을 살고 싶지 않은가. 어릴 적에는 그리도 설레는 날이 많았는데, 이제는 아닌 것 같다. 왜 이렇게 되어 버린 걸까? 아이의 순수함이 사라져서 그런 걸까? 세상에 닳고 닳아 모든 일이 시큰둥해진 탓인가?

답은 나왔다. 아이의 마음으로 살면 된다. 집중하고 즐기는 것. 노는 것. 기뻐하는 것. 얼른 아침이 되어 빨리 하고 싶은 것. 새로운 것을 배우고, 즐기고, 놀면 된다.

기적을 믿어라

...

현실주의자로 살되, 기적은 믿어라. 현실에만 눌러 있으면 팍팍하다. 기적을 바라는 마음을 버리지 말라. 기적은 도처에 숨어서 발견되지 않았을 뿐이다. 세상에는 수많은 기적이 도처에 널려 있다.

그러니 기적을 기다리며 현실주의자로 살라. 그러다 보면 기적이 찾아올 것이다. 현실에 충실히 임하다 보면 기적은 반드시 찾아오게 되어 있다. 모든 사람에게 적용되고, 모든 사람이 누릴 수 있는 당연한 것이다.

투신하라

...

빠져라. 흠뻑. 살짝 발만 담그지 말라. 온몸을 흠뻑 적셔라. 모든 일을 행함에 있어 이런 자세로 하라. 그리하면 반드시 쾌락을 맛볼 수 있게 된다. 즐겁고, 시간의 경지와 장소의 경계가 허물어지게 된다.

하기 싫은 일을 할 때도 흠뻑 빠져라. 그러면 그렇게 하기 싫던 일이 재미있어진다. 그 어떤 허드렛일도 버릴 것은 없다. 나중에 피가 되고 살이 되어 돌아오니. 하려거든 흠뻑 빠져서 하여라.

노하우를 공개하라

...

뭐든 계속하다 보면 노하우란 것이 생긴다. 1시간 걸리던 일이 5분으로 끝나게 되고, 어려운 일이 쉽고 편하게 된다. 한 분야에 오래될수록 노하우는 쌓이게 되고, 그게 힘인 줄 착각하게 된다.

노하우가 나를 지켜 주는 세상은 끝났다. 노하우는 죄다 오픈하고, 후배들에게 나눠주고, 다시 배워야 하는 시대가 왔다. 즉, 죽을 때까지 공부하고 배워야 하는 세상이다. 노하우로 밥 먹을 생각 말고, 다 버리고, 새로운 것을 배워라. 노하우에 눌려 죽기 싫으면.

다 하라

...

하고 싶은 것이 많은데 시간이 없다. 그러면 다 포기하고 하나만 해야 할까? 그렇지 않다. 다 하면 된다. 시간이 없는데 어떻게 다 하냐고? 하루에 다 하려니까 그렇지. 매일 쪼개서 하면 된다.

영어도 해야 하고, 운동도 해야 하고, 독서도 해야 하고, 글쓰기도 해야 한다면, 이걸 하루에 다 할 생각을 접고, 월요일에는 영어, 화요일에는 운동, 수요일에는 독서, 목요일에 글쓰기, 이렇게 넉넉하게 계획을 잡고 하라. 일주일에 고작 한 번이지만, 수십 년 하게 되면 그 양이 만만치 않게 된다.

여생은 덤이다

...

누구에게나 인생은 덤이다. 왜냐면 다들 죽을 고비를 한번쯤은 넘겼을 것이기 때문이다. 어릴 적 말라리아 걸리지 않았는가? 태중에 병에 걸리지는 않았는가? 폐결핵은? 교통사고는?

그러기에 앞으로 살날에 대해 감사하며 살 수 있게 된다. 옛날 같으면 벌써 죽었을 몸이 현대의술로 이렇게 살아남은 게 아니던가? 감사할 일이다. 덤인 인생 가볍게 착하게 보람되게 살아 보는 거다.

덤벼라

...

도전하라. 무조건 하라는 얘기가 아니라, 기회가 온다면 피하지 말고 덤벼라. 안정과 도전 중 선택을 하라면 도전을 선택하라. 그곳에 희망이 있고, 긴장이 있고, 재미가 녹아 있다.

삶은 한 번이다. 안정적으로 사는 것은 권태로 가는 길이다. 권태에는 그토록 바라는 행복이 없다. 도전은 힘들고 고통스럽겠지만, 나중에 즐거운 추억으로 다가온다. 도전을 재미있게 받아들여라.

소심이와 주눅이를 죽여라

...

늘 소심했다. 늘 주눅이 들어 살았다. 소심하고 주눅 든 삶에 대해 푸념도 불만도 생겼지만 해결할 수 없었다. 그냥 생겨 먹은 게 그러했다. 그냥 인정할 수밖에 없었다. 나는 소심하구나. 나는 모든 일에 주눅 들어 하는구나.

그랬더니 어느 날 분노가 솟구쳐 올랐다. 늘 그런 내 모습에 화가 나는 것이다. 언제까지 그렇게 살아야 한단 말인가. 이제는 그런 삶을 살고 싶지 않다는 분노가 밑바닥부터 솟아올랐다. 이 분노를 만나게 되면 이렇듯 뒤늦게 사람이 바뀔 수 있다.

직업에 자부심을 느껴라

...

괜찮은 직업을 갖고 있으면 미래가 불안하지 않고, 현재가 만족스러우며, 과거에 대해 좋은 회상을 할 수 있다. 괜찮은 직업이란 나에게 맞는 직업이다. 나다운 직업이다. 나를 나답게 만들어 주는 직업이다.

현재 가진 직업에 대해 생각해 보라. 무엇이 당신을 기쁘게 만드는가. 무엇을 배울 수 있는가? 어떤 커리어를 갖게 해 주는가? 어떠한 장점이 있는가? 어떠한 삶을 살게 해 주었는가? 잘 찾아보아라. 분명 있다.

내 감정을 재조명하라

...

내가 주로 생각하는 단어들이 무엇인가? 기쁨, 행복, 희망, 절망, 감사, 고난, 힘듦, 타락, 쉼, 휴식, 미움, 사랑… 딱 10개만 써 보자. 요즘 나의 상태가 어떤지 10단어로 나를 정의해 보라.

그 중 긍정적인 단어와 부정적인 단어를 구분하라. 긍정적인 단어가 더 많으면 삶이 괜찮은 편이고, 부정이 많으면 힘들다는 뜻이겠다. 그러면, 부정적인 단어들이 왜 나를 고통스럽게 만드는지 고민해 보자. 그걸 하나씩 없애 보는 거다.

억지 행복은 금하라

...

나는 돈을 모으는 것이 행복인데, 돈이 행복이 아니라는 말을 듣고 화가
나는가? 나는 출세하는 것이 행복인데, 출세는 행복이 아니라고 말하는
것에 반대하는가? 그럴 수 있다. 각자 행복의 기준은 다르니 말이다.

내가 하고 싶은 것을 하라. 그것을 즐겨라. 그리고 후회하지 말라. 후회
의 감정이 들면 그건 행복이 아니다. 후회 없을 것 같다면 그 안에서 행
복을 찾을 수 있다. 억지로 행복하려고 하지 말라. 그 자체를 그냥 즐기
고, 행복이라는 단어에 연연하지 말라.

행복은 선택이다

...

행복은 수동적으로 주어지는 것이 아니라 능동적으로 선택할 수 있다. 행복해지기로 마음을 먹을 때보다 더 행복을 느낄 수 있다. 어떤 사건으로 인해 행복해지는 것이 아니라, 내가 행복해지기로 결심했기에 행복할 수 있다.

별것도 아닌 것에 감사할 수 있을 때 행복할 수 있다. 늘 행복한 사람은 작은 것에도 감사하는 사람이다. 이미 행복은 우리의 삶 곳곳에 놓여 있는데 우리는 그것을 단지 간과하고 있을 뿐이다. 행복의 더듬이를 세워라. 그리고 잡아라.

요리를 배워라

...

식욕은 빼놓을 수 없는 행복이다. 미각을 통한 그 느낌은 사람을 행복하게 해 준다. 그런 점에서 요리를 배우면 한층 더한 행복을 느낄 수 있다. 직접 만든 요리로 나를 더 행복하게 해 주어라.

내가 만든 요리를 남에게 선물해 보라. 그 요리를 맛보면서 그대를 한 번 더 생각하게 해 줄 것이다. 남이 해 주는 음식을 사 주어도 좋지만, 직접 만든 요리는 더한 가치가 있을 것이다.

행복한 직업을 가져라

...

직업에 대한 전문기술을 지니고 있고, 지속적으로 배울 수 있고, 그로 인해 생활의 안정을 기할 수 있고, 보람까지 느낀다면 이보다 좋은 직업은 없을 것이다. 하지만, 만약에 그렇지 못하다면?

직업을 바꾸든지, 그 직업 안에서 행복을 찾아라. 만약에 그 직업 안에서도 못 찾겠으면, 직업 외 시간에서 찾아라. 취미로 시작하면 된다. 자신이 할 수 있는 범위에서 최선을 선택하는 방법이 최선이니까.

절대적인 행복의 근원을 찾아라

...

어떤 행위를 통한 성취감으로 극강의 행복에 다다를 수 있다. 어떠한 보상이 아닌 그 행위 자체에 따른 것이다. 이런 것을 하나 갖게 되면 바로 지금이 천국이라는 생각이 든다.

나는 무엇을 원하는가? 무엇을 할 때 행복해 하는가? 그에 대한 답을 본인에게 물어보라. 답은 본인만 알고 있다. 그 답을 찾게 되면 그때부터 행복은 자연히 당신의 뒤꿈치만 따라다닐 것이다.

효도는 즉시 하라

...

부모는 큰 효도를 바라지 않는다. 잘잘한 것을 원한다. 크게 집 한 채 사드릴 생각을 접고, 매일 전화를 드려라. 크게 100만 원 드릴 생각 말고, 매달 꾸준히 10만 원씩 드려라.

큰 효도를 위해 나중으로 미뤄 둔다면 필시 부모가 세상을 떠나고 없을 것이다. 나중에 부모에게 그 어떤 것도 해 주지 못한 불효자라 자책하게 된다. 부모는 기다려주지 않는다. 지금 당장 전화해라.

나이 탓을 하지 말라

...

현재의 나이에 불만을 갖지 마라. 앞으로 살아갈 날 중 가장 젊은 날이다. 오늘이 가장 씽씽한 나이다. 이 나이를 즐기고 감사하라. 지금 할 수 있는 일에 최선을 다하라.

50대라면 30대가 그리울지 모른다. 좀 더 젊었다면 뭐라도 해 볼 것만 같은 착각이 든다. 돌이킬 수 없는 일에 목매지 말고, 지금 할 수 있는 일에 최선을 다하라. 그보다 최선은 없다.

롤모델을 만나라

...

내가 넘볼 수 없는 사람을 만났거나, 내가 그처럼 되겠다는 사람을 만났을 때 희열을 느낀다. 그런 사람으로부터 열정과 꿈과 희망을 얻게 된다. 따라하고 싶고, 배우고 싶고, 존경하게 된다.

이러한 사람을 만나라. 찾으라. 찾아가서 만나라. 편지를 띄워라. 대화를 해보라. 지금 세상에 없다면 그의 글을 읽으라. 영상을 보아라. 누군가 닮고 싶은 사람을 하나쯤은 만들어라. 선택의 기로에 섰을 때 롤모델이라면 어떻게 했을까? 물어본다면 답이 나올 것이다.

뜬금없이 선물하라

...

꼭 생일에만 선물하는가? 꼭 기념일에만 선물해야 하는가? 아니다. 그렇지 않다. 그건 당연히 해야 하는 것이다. 당연한 것은 감동이 적다. 큰 감동을 주려면 뜬금없는 날에 선물하라.

아무 때고 생각이 나면 선물하라. 운전을 하다가 한 친구가 생각나면, 이 친구 생일날 선물해 줘야지 하지 말고, 바로 그날 선물을 보내라. 선물을 받은 친구는 의아할 것이다. 이거 뭐지? 웬 선물이지? 그러면서 전화가 올 것이다. 그때 말해라. 오늘은 그냥 네 생각이 나서 선물을 보냈노라고.

인생을 음미하라

...

시간은 쏜 화살과 같이 빠르다. 그런데 시간은 느리다. 누구에겐 빠르고 누구에겐 느리다. 왜 이런 차이가 날까? 시간을 아껴 쓰지 못하기 때문이고, 시간을 대접해주지 못했기 때문이다.

시간을 찬찬히 음미하라. 시간의 위대함을 인정하라. 이러면 누구나 시간을 느리고 알차게 보낼 수 있다. 급하게 살려하지 말라. 천천히 음미하며 보내라. 단지 그 차이다.

순서를 바꿔라

...

보통 성공한 사람들의 패턴을 보면 이렇다. 자신의 성공을 위해 엄청난 노력을 한다. 그리고 성공한다. 그 후에 허무감이 몰려온다. 그래서 다른 목표를 세운다. 어떤? 베풀고 나누고 자신의 영향력을 넓히려 한다. 남을 도우려 한다.

역으로 하면 어떨까? 먼저 남을 도와라. 그리고 자신의 영향력을 넓혀라. 나누라. 베풀어라. 그러고 나서 나의 성공을 바라라. 어떤가? 뭐가 더 바람직할까? 뭐가 더 멋져 보일까? 같은 일을 했는데, 순서만 바꾼 것이다.

세상은 불공평하다

...

세상은 원래 불공평한 곳이다. 합리적이지 않다. 인간들이 합리적으로 만들려고는 하지만 세상은 인간이 생각하는 범위보다 넓다. 마치 인간은 신이라도 된 것처럼 세상을 주무르려고 하지만 그게 뜻대로 되지는 않는다.

착한 일을 했으니까 나는 행운이 따를 거야, 라는 야무진 생각을 버려라. 착한 일과 행운은 별개다. 괜히 연관 짓지 말라. 인간의 그 얼토당토 않은 생각으로 우리는 스스로 행복과 멀어지게 된다.

배워라

...

배워라. 배워서 남 줘라. 남을 줘도 남는다. 나도 남고 남도 남고. 모두 이익이다. 배우게 되면 권태가 사라진다. 배움에는 즐거움이 있다. 억지로 배우는 것이 아니라 진정으로 내가 원하는 일을 배워라.

처음부터 잘할 수 없다. 그래서 배운다. 매일 조금씩 배우게 되면 시간이 흐르면 자연스럽게 잘하게 된다. 그게 배움의 마력이다. 삶의 활력이된다. 인생이 지겹지 않고, 즐거워지게 된다. 하고 싶었던 것을 배워라. 돈은 아끼지 말고 배움에 돈을 써라. 아끼면? 똥 된다.

생산적인 꿈을 키워라

...

대출을 받아서 갭투자를 하는 아빠, 부동산 투자 강사를 따라 투기에 열을 올리는 엄마, 건물주가 되고 싶은 사람이라고 말하는 아들의 모습을 당당히 꿈이라 말할 수 있겠는가?

인생을 보다 넓고 깊게 바라볼 필요가 있다. 작은 것에 연연하지 않는 담대함을 가질 필요가 있다. 누구에게나 떳떳한 사람이 될 필요가 있다. 부끄러워하지 않을 꿈이 필요하다.

나이 80까지만 참아라

...

자제하고 절제하며 살아야 건강할 수 있다. 건강해야 행복해지니깐 건강을 챙겨야 한다. 하지만 나이가 80이 넘으면 하고 싶은 짓을 다 하며 살아도 괜찮다. 나이 80이 넘으면 이미 몸속에 암 하나 정도는 누구나 가지고 있게 된다.

그러니까 나이 80까지만 절제하며 살라. 80부터는 하고 싶은 거 다 하면서 살라. 술도 진탕 마시고, 밥도 푸짐하게 먹고, 담배도 팍팍 펴라. 살날이 얼마 남지 않았으니, 그동안 참으며 살았으니 그리 살아도 된다. 그게 축복이다.

몰입하여라

...

삼매의 경지에 오르면 시간도 멈추고 공간의 개념도 잊게 된다. 내가 어디에 있고, 시간이 얼마나 흘렀는지도 모르게 되며, 누구인지 알지 못하게 되고 궁극의 희열을 느낄 수 있게 된다. 더위를 잊고 추위를 느끼지 못하며 고통이 무엇인지 모르는 상태가 된다.

여기에 행복이 있다. 피아의 식별이 사라지고 구분과 경계가 없어진다. 행복의 기운이 가득하여 마음이 꽉 차오르게 된다. 좋아하는 것에 몰입하여라.

보상을 바라지 말라

...

엄청난 노력을 하고, 열심히 하면 내가 소원하는 일이 반드시 이루어진 다는 허무맹랑한 말에 속아 살지 말라. 노력과 보상은 일치하지 않는다. 노력을 했다 해도 보상받지 못하는 경우가 허다하다.

노력을 했다고 해서 보상을 바라는 마음이 정상일 것 같지만, 세상은 그 렇게 돌아가지 않는다. 왜냐면 내가 세상의 중심이 아니기 때문이다. 그 런 착각 속에 살수록 마음이 고통으로 물들게 된다. 노력했다고 보상을 기대하기보다 노력한 그 사실에 감사하라.

각오하라

...

부자가 되겠다고 각오하지 말라. 오래 걸린다. 출세하겠다고 각오하지 말라. 시간이 많이 걸린다. 유명해지겠다고 각오하지 말라. 될지 안 될지도 모른다. 성공하겠다고 각오하지 말라. 실패할 수도 있다.

곧바로 될 수 있는 것에 각오를 매겨라. '지금 당장 행복해지겠다'고 각오하라. 그리고 곧바로 누려라. 행복은 바로 얻을 수 있다. 각오한 즉시 발동할 수 있다. 100% 이뤄낼 수 있다. 이렇듯 확률 높은 것에 각오하라.

걸어라

...

건강하라. 행복하려면 무엇보다 챙겨야 할 것이 건강이다. 건강을 위해 최소한의 운동은 걷기다. 걸어라. 그냥 걷지는 말아라. 걷는 속도를 조절하라. 빨리 걸었다가 천천히 걸었다가 하라. 그래야 운동 효과가 좋다.

죽어서는 행복을 느낄 수 없다. 살아 있어야 행복도 누릴 수 있는 법이다. 살아 있다고 해도 몸이 아프면 행복하기 어렵다. 그래서 건강을 챙겨야 한다. 몸이 건강해야 마음도 건강해지기 마련이니까.

사랑하는 사람과 같이하라

...

사랑하는 사람과 맛있는 음식을 먹고, 경치 좋은 곳을 구경하고, 재미난 것을 같이할 때 우리는 행복감을 느낀다. 열심히 돈 벌러 매일 성실하게 직장을 나가는 이유도 다 이런 것을 하기 위해서다.

매일 출근하는 것이 불행한 일이 아니다. 일을 할 수 있기에 돈도 벌고, 그 돈으로 행복한 일을 할 수 있음에 감사해야 한다. 하고 싶어도 못 하는 지경에 있던 과거 세대, 불운했던 시대에 태어나지 않음에 감사하라.

자식 걱정 말라

...

자녀에게 공부하라 다그치지 말고, 자녀에게 일찍 일어나라 재촉하지 말라. 그저 내버려 두라. 조언과 충고로 관계를 어긋 내지 말라. 스스로 알아서 다 잘 해낼 것이다. 부모의 조바심이 아이를 망치게 된다.

본인을 돌아보라. 본인은 공부를 잘했는가? 본인은 아침 일찍 일어났는가? 그렇지 않아도 지금 잘만 살고 있지 않은가? 나보다 나은 삶을 바라기 때문에 그런다고? 그렇게 하지 않아도 알아서 잘하니 걱정 말라.

행복을 검토하라

...

오늘 있었던 일 중 행복했던 일을 찾아보아라. 하루를 마감할 때 찾으면 좋다. 따로 시간을 할애하라. 5분 정도가 좋다. 그래야 매일 할 수 있다. 놓치고 있던 행복감을 다시 환원하라. 그리고 기록하라.

그 기록은 쌓여서 나중에 또 행복을 선사할 것이다. 이름하여 '행복노트'다. 행복을 그렇게 쌓아놓아라. 힘들고 지칠 때 그 노트를 꺼내서 다시 읽다 보면 행복감에 젖을 수 있다.

꿈을 포기하는 것에 대해

...

꿈을 포기하면 마음이 편해진다. 더 이상 추구할 것이 없으니 달관한 것처럼 편안해진다. 다 잊으면 되고, 그저 주어진 삶에 만족하며 살다가 가면 된다. 다 인생은 부질없는 것이라며 떠들면서 말이다.

그러나 마음 한 켠에서는 아쉬움이 클 것이다. 우리는 왜 꿈을 포기하는 가? 상처받기 싫어서 그렇다. 기다리기 힘들어서 그렇다. 갖기 위해서 내주어야 하는데 그러기 싫어서 그렇다. 어떻게 사는 것이 더 행복한 일 일까? 어떻게 사는 것이 나로서 사는 것일까? 선택은 나만 안다.

노후 준비하지 말라

...

노후 준비를 하기 위해 현재를 포기해서는 안 된다. 현재의 삶을 노후 준비로 물들여서는 안 된다. 늙으면 다 죽는 거다. 나중에 늙어서 여행 다닐 생각하지 말고 지금 다녀라. 나중에 돈 없으면 어쩌지 생각하지 말고, 늙어서 일할 수 있게 자신에 투자하라.

늙어서 월 200만 원은 나와야 산다. 그건 다 거짓말이다. 50만 원만 있어도 살고, 100만 원만 있어도 산다. 다만 넉넉하지 못할 뿐이다. 돈이 없으면 서럽겠지만, 그 서러움을 받지 않기 위해 늙을 때를 위해 지금의 삶을 포기한다면 이것도 저것도 되지 않는다.

나를 찾아라

...

정말 좋아서 한 일인데, 그것도 10년, 20년씩 해 왔던 일인데, 어느 날 갑자기 싫어질 때가 있다. 헛산 것 같기도 하고, 앞으로 도대체 어디에 정을 두고 살아야 되는지 혼란스럽기까지 하다.

그러다 어느 날 갑자기 그간 해왔던 일을 다시 손에 잡게 된다. 이제는 그럴 기분이 생긴 거다. 누구인가? 나를 이렇게 놓았다 잡았다 하는 존재는 누구인가? 그 기분이란 것, 그 기분을 조정하는 존재? 누구인가?

기록하라

...

행복했던 순간을 남겨라. 기억에 의존하지 말라. 유튜브를 이용해 영상으로 남겨라. 일기를 써서 글로 남겨라. 사진을 박아 남겨라. 음성으로 녹음하라. 즉, 기록하라. 기록자가 되어라.

왜? 행복해지고 싶을 때 꺼내 보아라. 불행하다고 생각될 때 꺼내 보아라. 달콤했던 경험을 추억하라. 즐거웠던 경험을 반복하라. 행복했던 순간을 놓치지 말고 포착해서 기록으로 남겨 지속적으로 반추하여라.

협상을 할 때는

...

협상을 할 때는, 누군가에게 요구하는 바를 말할 때는, 절대로 먼저 내입으로 요구를 말하지 말라. 상대의 입에서 내 요구가 나올 수 있도록만들어라. 내 입에서 먼저 내가 원하는 바를 말하게 되면 성공할 확률이확 줄어든다.

내가 원하는 것을 단도직입적으로 말하는 것이 좋을 것 같지만 그렇지않다. 듣는 입장에서는 자존심이 상할 수도 있고, 왠지 순순히 들어주면뭔가 손해 보는 것 같기도 하고, 조건을 달아야 할 것만 같다. 협상을 할때는 나의 요구는 숨기고, 상황만 이야기하라. 상대가 해결책을 말할 때까지 꾹 눌러 참고 기다려라.

평생 일하라

...

휴식은 일이 있어야 빛을 발한다. 매일이 일요일로 채워지면 권태가 온다. 일요일, 일요일, 일요일, 일요일… 단 음식도 짠 음식이 있어서 빛을 발하고, 빛도 어둠이 있어야 빛을 발하는 것과 같은 이치다.

일하는 것을 고통이라 생각하지 말라. 휴식을 위한 준비 단계가 될 수도 있고, 자아실현을 하는 수단일 수도 있다. 생계가 해결되기도 하고, 배울 수도 있다. 좋은 쪽으로 생각하면 한없이 좋다.

남을 부러워하지 말라

...

남이 잘되는 것을 부러워하지 말라. 시기하지도 말라. 그 생각에 빠지지 말라. 나와는 상관없는 일이라고 생각하라. 그저 내버려 두라. 내가 남을 부러워하게 되면 반드시 나와 비교하는 생각이 든다. 비교는 행복의 적이다.

사실 나도 그 누군가에게는 부러움의 대상이 된다. 내가 A의 발걸음이 좋아 보여 따라 걸었더니, A가 하는 말이 B의 걸음걸이가 좋아 보여 따라 걸었다고 한다. B에게 물으니, C의 걸음걸이를 따라 걷는 중이라고 했다. C에게 물으니 나의 걸음걸이가 부러워 따라 걷는 거라고 한다.

좌절감이 압도할 때

...

정말 열심히 산 인생이라고 자부하는데, 그럼에도 불구하고 뭔가를 이루지 못한 상태가 지속되고 있는가? 더는 나아갈 힘도 용기도 없는가? 해도 안 될 것 같은 포기감이 드는가? 역시 나라는 인간은 안 된다고 생각하는가?

그래 실패한 인생이라고 치자. 실패만 했다. 이제껏 제대로 된 뭔가를 만들어 본 적이 없다고 치자. 그래서 또 실패만 하는 것 같다고 하자. 그래서 그냥 포기하고 싶다고 치자. 다 때려치우고 싶다고 치자. 그래서? 남는 게 무엇인가? 다시 시작하면 된다.

다 행복하라

...

비가 와도 행복하다. 눈이 와도 행복하다. 바람이 불어서 행복하고, 천둥 번개가 쳐서 행복하다. 가뭄이 와도 행복하고 가만히 앉아 있어서 행복하다. 시력이 떨어져서 안경을 써서 행복하고, 다리에 알이 박혀 묵지근한 고통이 있어도 행복하다.

모든 것을 다 행복한 마음으로 받아들여라. 행복이 별건가. 생각하기 나름이다. 어떤 이에게는 모든 것이 불만일 테지만, 어떤 이에게는 똑같은 것도 행복이다. 행복하다고 상상하면 모든 것이 행복으로 다가오게 된다. 뭐가 우리에게 유리할지 생각해 보라.

상상의 힘은 장점이자 단점

...

인류의 발전은 우리가 생각할 수 있는 것에 의해 이루어졌다. 없는 물건을 상상할 수 있는 능력에 의해 인류의 문명은 시작되었다. 달에 가는 것을 상상했기에 달에 갈 수 있었고, 전구를 상상했기에 밤에도 빛을 만들 수 있었다.

상상의 힘으로 때로는 힘들어질 때가 있다. 보이지도 않는 것을 상상하면서 치명적인 고통까지 만들어내기도 한다. 상상에 의해 더 자주 더 깊게 고통을 만들어내고 있다.

상상하라

...

상상하라. 기뻐지면 계속 상상하라. 하지만 슬퍼지면 그 상상을 멈춰라. 생각을 할 수 있다는 건 참으로 행복한 일이다. 왜냐면, 우리는 생각으로 행복을 만들어낼 수 있기 때문이다. 행복을 생각하라.

행복을 상상할 수 있다. 좋아하는 음식을 먹는 상상, 로또에 당첨되는 상상, 출세하는 상상, 명예를 얻는 상상 등등을 해서 기쁘다면 계속 상상하라. 허나 부정의 상상이 떠오른다면 당장 멈추어라. 그 생각을 멈추어라.

열심히 살지 말라

...

적당히 살아라. 열심히 살면 탈이 난다. 죽도록 열심히 해서 뭔가를 이룬 순간부터 불행이 시작된다. 적당한 노력으로 살아라. 힘들면 쉬어라. 땀이 나면 땀을 닦아라.

노력이라는 함정에 빠지지 말라. 저절로 되게 하라. 시간이 지나면 저절로 되는 것이 허다하다. 노력으로 이루는 것은 억지를 쓰고 있는 셈이다. 배수의 진을 치지도 말라. 힘을 빼고 그냥 살아가라.

버텨라

...

끝까지 자리를 지키는 사람이 최후의 승자가 된다. 실력이 없어도 된다. 끝까지 그 일을 할 수만 있으면 된다. 버텨내면 된다. 잘할 필요가 없다. 버티고만 있어도 다들 나가 떨어지기 때문에 결국 승자가 될 수 있다.

대부분의 사람은 상황과 타협한다. 타협과 동시에 꿈을 포기한다. 현실이 이러하기 때문에 더 이상 꿈을 지탱할 수 없다면서 자리를 떠난다. 실력이 좋은 이들도 마찬가지다. 따라서 무능해도 버틸 용기만 있다면 최후의 승자가 될 수 있다.

성과를 얻기 위해서는

...

성과는 매우 천천히 그리고 단박에 나오는 경향이 짙다. 1을 했으면 1이 나오지 않는다. 그렇게 따박따박 나왔으면 성취감이 들어서 계속하겠지만, 성과는 그렇게 나오지 않는다. 한참 고요히 숨어있다가 뿅 하고 나온다.

성과가 빨리 나오지 않는다고 해서 성과가 없는 것은 아니다. 숨어 있을 뿐이다. 눈에 보이지 않을 뿐이다. 우리가 지치고 힘들어할 때까지 기다리고 있다가 어느 순간 뿅 하고 나오는 놈이 성과다. 성과의 농간에 당하지 말고 뚜벅뚜벅 걸어가라.

인생은 뜻대로 되지 않는다

...

인생은 원래 마음먹은 대로 되지 않는다. 생생하게 꿈꾸면 이루어진다는 말은 거짓이다. 아무리 생생하게 꿈꿔도 이루어지지 않는다. 행동이 따르지 않으면 아무리 생각한다고 해도 이루어지지 않는다. 그게 가능했다면 우리는 생각만 할 수 있는 영(靈)으로 존재해야 한다.

내 생각이 그대로 이루어지는 것만큼 무서운 일도 없다. 생각하는 대로 다 이루어진다면 세상은 폭망할 것이다. 우리의 생각이 대체적으로 부정적이고 파괴적이기 때문이다. 세상을 마음먹은 대로 살려고 하는 순간 불행이 시작된다. 뭘 하지 말고, 그냥 살아라.

반복을 피하라

...

매일 똑같은 길로 다니고, 매일 하던 대로 하면 반드시 우울하게 되어 있다. 반복은 기술을 연마시킬 수는 있어도 감정은 상하게 만든다. 하던 대로만 하면 기계가 된 것 같은 기분이 들고, 인생이 심심해진다.

인간은 심심함을 못 견디는 동물이다. 고등생물의 특징이다. 새로운 것이 없으면 권태로워지고 권태는 곧 우울로 이어진다. 새로운 길로 가보라. 다른 방법으로 해보라. 일상을 늘 같은 방식으로 보낼 필요는 없다.

버려라

...

짐을 줄여라. 가지고 있는 것을 매일 하나씩 버려라. 싸짊어지고 살지 말아라. 가볍게 살아라. 가질수록 무거워진다. 무거울수록 속박과 굴레도 깊어진다. 생각보다 우리는 쓸데없는 것들을 쟁여놓고 산다.

무거운 가방을 들고 여행을 떠나 보라. 그 짐으로 인해 행복한 여행이 되지 못한다. 짐을 지키느라 낑낑, 짐을 가지고 이동하느라 낑낑, 여행을 하는 건지 짐을 지키러 온 건지 헷갈리게 된다.

항상 0에서 시작하라

...

나이가 들면 이루어 놓은 것이 많아진다. 그리고 그것에 기대어 살게 된다. 그러지 말라. 다시 0에서부터 시작하라. 기대는 순간부터 꼰대가 되고, 기득권이 되고, 발전이 없다.

과거의 영광에 갇히게 되면 다시 일어나는 힘이 없어진다. 그게 전부인 줄 알고 무너져 버린다. 우리는 매일 새롭게 시작할 수 있는데, 과거의 영광이 족쇄가 되어 우리의 삶을 마감시킨다.

떠나라

...

여행은 일상의 단조로움을 깨는 아주 좋은 수단이다. 여행은 이미 계획을 세울 때부터 사람을 설레게 만든다. 2개월 전에 세운 계획으로 인해 2개월 전부터 우리는 이미 떠날 수 있게 된다. 1년 후에 있을 여행을 계획하면서 우리는 이미 떠날 수 있다.

삶의 공간을 바꿔 주면 삶의 분위기가 달라진다. 여행의 매력이다. 매일 반복되는 일상에서 단비의 역할을 한다. 새로운 경험을 통해 삶을 돌아볼 기회를 주고, 앞으로 나갈 용기를 심어 준다.

좋아했던 과목을 하라

...

좋아했던 과목이 무엇인가? 좋아했던 과목을 취미로 삼아라. 직업으로 삼아도 좋다. 하지만 보통 시간이 지난 후에 이 사실을 알기에 취미로만 삼아도 좋다. 수학을 좋아하는 약사는 약국에 손님이 없을 때 수학 문제를 푼다. 취미다.

체육을 좋아했다면 생활체육을 하라. 음악을 좋아했다면 악기를 다루거나 교회 성가대에 들어가라. 역사를 좋아했다면 박물관을 찾아가고, 고궁을 찾아가라. 내가 좋아했던 과목이 나였다면 나를 찾아라.

단것을 먹어라

...

암세포는 단것을 좋아한다. 암세포는 단것을 먹고 자란다. 단것이 건강에 좋지는 않지만, 정신적 건강에는 좋을 수 있다. 힘들고 지칠 때 단것을 먹어라. 기분이 상쾌해지면서 청량감이 돈다.

늘 단것을 물고 살면 안 되지만, 가끔 이용해 주면 좋다. 꿀꿀한 기분을 날리기엔 더없다. 피로가 쌓이거나 몸이 찌뿌둥하면 사탕을 한 알 까서 입에 넣고 돌돌 굴려가며 단맛을 느껴 보아라.

말을 아껴라

...

말을 아껴라. 말을 많이 하지 말라. 말보다는 몸으로 표현하라. 말을 많이 해서 득이 될 것은 아무것도 없다. 실수만 유발할 뿐이다. 뱉은 말을 주워담을 수 없다. 말보다는 글이 낫다. 글은 수정할 수 있기 때문이다.

말로 자신을 까먹는 일이 많다. 진정으로 말을 잘한다는 것은 말을 아낄 때 잘할 수 있다. 말을 아껴 주어라. 소중한 것은 아껴야 한다. 아낄수록 빛을 발한다. 묵직한 한마디를 가지고 싶다면 말을 아껴라.

잡생각의 긍정

...

인생이 힘들다고 투정을 부린다는 것은 그래도 살만하다는 증거다. 정말 힘들면 힘든 줄도 모른다. 당장 죽게 생겼는데, 목숨줄이 왔다 갔다 할 때는 단지 살 방도를 찾을 뿐이지 투정을 부리지 않는다.

잡생각이 들면 이렇게 생각하라. 그래도 내가 살만한 거구나. 살만해지니 투정도 부리는 것이다. 바로 옆에 폭탄이 떨어질 때는 절대로 그런 생각을 할 수 없으니깐.

조언하지 말라

...

남의 인생에 참견하지 말라. 아무리 백수라 하더라도 말하지 말라. 자식이 백수라도 말하지 말라. 그도 그 나름의 이유가 있을 것이다. 사촌이 백수라도 참견하지 말라. 그 나름의 이유는 반드시 있다.

나의 조언으로 누군가를 각성시키려는 노력은 하지 말라. 오지랖일 뿐이다. 말 대신 실질적인 도움을 주는 편이 낫다. 조용히 용돈을 건네라. 조용히 맛있는 음식을 사 주어라. 조용히 친절을 베풀어라. 그게 최선이다.

할 수 있는 일에 최선을 다하라

...

아무리 상황이 힘들다고 해도 결국 내가 할 수 있는 일에 최선을 다해야 한다. 현실을 직시하고 현재 내가 할 수 있는 일에 최선을 다하는 것이 답이다. 어려운 상황 속에서 내가 할 일을 찾아라.

낙담하지 말라는 말이다. 어려운 와중에도 내가 할 일이 존재한다. 그걸 찾아서 하라. 포기하지 말라. 할 수 있는 일에만 최선을 다하라. 더 많은 일을 하려고 하지도 말라. 그저 내가 할 수 있는 일에만 최선을 다하라.

아침형 인간의 강박을 버려라

...

아침에 일찍 일어나려고 굳이 애쓰지 말라. 나이가 들면 저절로 새벽에 눈이 떠질 테니 굳이 애쓰지 않아도 된다. 잠이 오면 잠을 더 청하라. 다만 깨어 있는 시간을 충분히 활용하면 된다.

시간이 없다고 말하지 말라. 버려지는 틈새 시간만 그러모아도 책 한 권을 읽을 여유는 되니. 잠은 충분히 자고, 깨어 있는 시간을 잘만 활용하면 시간이 없다는 핑계는 대지 않을 것이다.

세 끼 식사에 감사하라

...

세 끼 밥 먹고 살 수 있음에 감사하라. 우리 선조들은 하루에 3끼 밥을 먹지 못했다. 왕이나 돼야 먹었을까 말까? 우리 조상들은 늘 배고픔에 시달렸고, 배고픈 채로 달려야만 짐승을 잡을 수 있었다. 배고픔을 늘 달고 다니며 벼를 심었고, 논에 물을 댔다.

그러나 현대인들은 3끼 밥을 꼬박꼬박 먹는다. 오히려 살을 빼기 위해 안 먹을 정도다. 물자가 풍부해지고, 삶이 윤택해진 결과다. 하지만 우리는 여기에 더 보태 해외여행을 못 가서 짜증을 내고, 더 갖지 못해서 분노한다. 우리의 선조들이 이 모습을 보면 뭐라고 하실까?

기다림을 행복으로 바꿔라

...

기다리는 시간을 짜증의 시간으로 보낼 것인가? 행복 충전의 시간으로 보낼 것인가? 선택하라. 누구나 기다리는 시간을 갖게 된다. 꽤나 수동적이다. 능동적으로 기다리는 시간을 만드는 사람은 단 한 명도 없을 것이다.

수동적으로 어느 날 갑자기 기다림의 시간이 찾아올 것인데, 미리 준비하고 있어라. 기다림의 시간을 행복 충전의 시간이라고 정의 내려라. 나는 기다리는 동안 점점 행복해진다. 기다리는 시간은 나를 행복하게 해주는 시간이다. 기다림은 나를 행복으로 안내해 줄 것이다. 기다리기 때문에 나는 행복해질 것이다. 더 오래 기다릴수록 더 깊게 행복할 것이다.

누구나 죽는다

...

우리는 영생하지 못한다. 나이가 들면 몸이 아프고, 병에 걸린다. 그리고 죽음을 맞이한다. 이건 진리다. 누구도 이 틀을 벗어나지 못했다. 세상의 진리를 꼭 하나만 꼽으라고 한다면, 누구나 태어났으면 죽는다, 이다.

몸이 아플까 봐 걱정하지 말라. 죽을까 봐 걱정하지 말라. 진리를 거스르지 말라. 당당히 받아들여라. 차분히 받아들여라. 오히려 아픔을 기다려라. 죽음을 기다려라. 아픔을 환영하라. 죽음을 환영하라.

출세하지 말라

...

직장에서 출세가 좋은 것일까? 돈을 많이 벌면 좋을까? 많이 받은 만큼 고통이 오지는 않을까? 스트레스 거리가 많아지지 않을까? 생각할 거리가 많아지지 않을까? 책임져야 할 일이 많아지지 않을까?

출세하지 말라. 출세하면 내 맘대로 살 수 없다. 겉으로야 멋져 보일 수는 있어도 속으로 파고들면 행복과는 점점 멀어지는 삶을 살아야 한다. 조직을 위해 손에 피를 묻혀야 할지도 모르고, 남들 눈에 피눈물 흐르게 할 수도 있다.

독서실로 가라

...

학생만 공부하는 게 아니다. 성인도 공부해야 한다. 학생만 독서실에 다니는 게 아니다. 성인도 독서실에 다녀야 한다. 학생처럼 하루종일 있을 수는 없겠지만, 하루 한 시간만이라도 그래야 한다.

독서실(스터디 카페)에 가라. 가서 책을 읽든 뭐든 하라. 대신 잠만 자지 말라. 남들 눈을 의식할 수 있는 분위기에서 잠을 잘 수는 없을 것이다. 코를 고니까. 남들 눈을 의식할 수 있는 수준에서 뭐든 하라. 생각보다 생산적이고 지적인 활동을 하게 될 것이다.

인생은 원래 뼈 빠진다

...

30년간 뼈 빠지게 일한 거 같은데도 생활이 나아지지 않을 수 있다. 먹고사는 것에서 아직도 허덕일 수 있다. 손해 보는 느낌일 수 있다. 남들은 다들 떵떵거리며 사는데 그것에 혼이 나가 시기, 질투가 날 수 있다.

그런데 그렇게 살아도 된다. 원래 죽을 때까지 뼈 빠지는 거다. 우리 조상들도 다 그렇게 살아왔다. 달려야 잡을 수 있었고, 수백 번 논에 가야 벼를 얻을 수 있었다. 그래도 행복하게 산 사람은 있었다. 돈이 돈을 버는 세상이 도래한 지는 얼마 되지 않았다. 돈이 행복을 주지 않는다.

성공과 행복은 별개다

...

성공해야 행복한 줄 안다. 행복은 성공한 사람만 누릴 수 있다고 믿는다. 그렇지 않다. 성공과 행복은 별개다. 아무런 연관성이 없다. 성공한 사람도 불행한 사람이 얼마나 많은가. 성공한 사람인데 자신이 불행하다고 생각해서 자살한 사람도 부지기수다.

행복하기 위해서 성공에 목을 매서는 안 된다. 성공하지 못해도 행복할 수 있다. 바로 지금 당장 행복할 수 있다. 성공처럼 행복은 오래 기다리지 않아도 된다. 바로 지금 행복해지기로 결심하라. 그러면 당장 행복해질 수 있다.

가장 중요한 것에 집중하라

...

세상은 참 번잡하다. 세상은 참 빠르게 돌아간다. 뭐가 뭔지 모른다. 가만히 있으면 바보가 된 기분이 든다. 그럴 때는 나에게 가장 중요한 단 한 가지에 집중하면 된다. 생각해 보라. 나에게 무엇이 가장 중요한 것인지를.

그것에만 집중하면 된다. 모든 것을 다 잘할 필요는 없다. 농구황제 조던이 농구는 잘했어도 야구는 못했다. 축구 황제 펠레가 축구는 잘했어도 골프는 잘 치지 못했다. 뭐든 나에게 있어 가장 중요한 그 한 가지를 고수하라.

모든 걸 다 할 수는 없다

...

내 마음대로 하고 싶고, 내 마음대로 살면 행복할까? 내가 원하는 것이 무엇이든 되고, 무엇이든 할 수 있는 파라다이스 같은 세상. 판타지 소설의 주인공이 되어 모든 적을 다 무찌르는 엄청난 무공과 엄청난 스킬을 겸비한 초인이 되면 얼마나 좋을까?

그런 나로 인해 누군가는 반드시 피해를 보게 될 것이다. 내가 하고 싶은 것을 다 하면 그 누군가는 하지 못하게 될 것이고, 내가 원하는 것을 다 가지면 누군가는 그걸 갖지 못하고 피해를 보게 될 것이다. 내가 다 가지고 다 할 수 없다. 그렇게 되면 세상이 파멸하게 될 것이니까.

하나만 해도 된다

...

월급이 부족하게 느껴진다. 그리고 회사만 다니면 안 될 것 같은 생각이 든다. 그래서 여러 가지 자격증 공부도 하고, 부업도 하려고 한다. 재테크 투자도 해야 할 것 같다. 그러니 몸이 바쁘고 힘들고 여유가 없다.

다 때려치우고 회사나 잘 다녀라. 월급만 받아도 된다. 미래를 그렇게까지 걱정하면서 살 필요 없다. 주어진 책무만 잘해도 된다. 미래의 일은 미래에 가서 걱정해도 된다. 벌어지지도 않은 일에 미리부터 겁먹은 토끼처럼 굴 필요 없다.

자제해야 오래 산다

...

하고 싶은 것을 다 하다가는 일찍 죽는다. 예전에 아는 사람이 있었다. 그는 정말 하고 싶은 걸 즉시 다 하는 사람이었다. 술을 마시고 싶으면 술을 마셨고, 놀러 가고 싶으면 놀러 갔고, 낚시하러 가고 싶으면 갔다. 거리낌 없었다.

인생을 매우 즐기는 것처럼 보였다. 하루라도 자신의 재미와 쾌락을 충족하며 살았다. 그러던 어느 날 그는 갑자기 죽어 버렸다. 너무 많이 마신 술 탓이었을까? 매일 마시던 술 때문이었을까? 자제하지 못하고 매일 하고 싶은 대로 산 대가일까?

이벤트를 만들어라

...

매달 돌아오는 월급날은 그저 그런 날이 아니다. 별것 아닌 날이지만 그 래도 이벤트를 해 주자. 월급을 받은 날이니 치킨이라도 한 마리씩 뜯 자. 가족끼리 모여 앉아 맛있게 먹자. 월급날을 기념하면서.

작은 별것도 아닌 일도 의미를 부여하기에 따라 기쁨으로 반전될 수 있 다. 그저 그런 날로 훅하고 지나갈 수도 있겠지만, 굳이 월급날이라는 이벤트를 만들어 좀 더 인생을 풍성하게 만들 수 있게 된다.

비가 와도 좋고 눈이 와도 좋고

...

비가 오면 비가 와서 좋고, 눈이 오면 눈이 와서 좋아해야 한다. 반대로 비가 와서 비 맞는다고 투정, 눈이 와서 미끄럽다고 불만을 갖지 말라. 생각을 조금만 바꾸면 모든 것이 다 좋기 마련이다.

어떤 날은 몸이 좋지 않아 뻐근할 때가 있다. 등산 가기로 한 날인데, 몸이 너덜너덜해서 도저히 못 갈 것 같다. 이럴 때 어떤 생각을 하겠는가? 왜 내 몸이 이러냐 하면서 불만을 가질 필요 없이, 오늘은 몸이 좋지 않으니 하루 푹 쉬어야겠다. 등산은 다음에 가면 되지, 라고 생각하는 게 좋다.

성취는 윤활유 정도

...

인간은 뭔가를 성취할 때 기쁨을 느낀다. 아무것도 안 하는 것보다는 움직일 때 희열을 느낀다. 간혹 살다가 성과를 올리거나 소원을 성취하게 되는데 이는 삶의 윤활유가 되어 준다.

윤활유에서 멈춰라. 이를 목적이나 목표로 삼지 말라. 대단한 의미를 두지 말라. 하다 보니 성취한 것뿐이다. 성취하려고 했던 것이 아니다. 성공에 도취되는 순간 불행해지기 시작한다.

좋아, 라고 말하라

...

누군가 "요즘 살만해?"라고 물을 때, 상황이 안 좋아도 "좋아!"라고 말하라. "요즘 괜찮아?"라고 물을 때도, "너무 행복해"라고 말하라. 비록 상황이 나쁘고 안 좋아도 그렇게 말하라.

그렇게 말하는 순간부터 상황은 좋아지게 된다. 정확하게 말하면 상황은 그대로지만, 나의 마음이 좋아지게 된다. 같은 상황이라도 나의 마음을 어디에 두느냐에 따라 행복이 왔다갔다 한다.

덜 가져라

...

악착같이 더 가지려 하면 마음이 불편하다. 기분이 안 좋다. 이는 곧 불행이다. 덜 가지려 하면 마음이 편하다. 뭔가 베푼 느낌도 들어 정신적으로 넉넉해진다. 기분이 좋다. 이는 곧 행복이다.

여유를 두어라. 그래야 행복이 그 사이를 채울 수 있다. 넉넉한 사람을 대할 때 우리는 절로 웃음이 나고 기분이 좋아지는 걸 느낄 수 있다. 그런 사람이 되어라. 나도 행복하고 남도 행복하게 해 주는 그런 사람이 되어라.

두 번 행복해지기

...

보통 사람들은 산수를 정확히 하려는 경향이 많다.

그렇게 교육을 받아왔기 때문이다.

계산은 정확하게!

그래서 정이 없다.

여유가 없다.

손해 보는 전략을 구사하면 이득을 본 자는

정확하게 계산하기 위해서 나중에 어떤 식으로든

더 받은 것을 돌려주게 된다.

보통 10을 받고 10을 준다.

10을 받고 8을 주려고 하는 사람도 많다.

그런데 어떤 이는 10을 받고 12를 준다.

손해를 본다.

그런데 길고 크게 봤을 때 그것이 절대 손해가 아니다.

더 줄 때 행복하다.

그리고 나중에 더 받을 때 행복해진다.

두 번 행복할 수 있다.

지금 행복해야 한다

...

어릴 때 우리는 많은 눈물을 흘렸다. 엄마한테 혼나서 울고, 가지고 싶은 거 못 가져서 울고, 형이랑 싸워서 울고, 목욕하기 싫은데 억지로 해서 울고, 자기 싫은데 자라고 해서 울었다. 크면 달라질 줄 알았다.

어른이 되어도 마찬가지다. 회사 가기 싫어서 울고, 놀고 싶은데 일해서 울고, 여행하고 싶은데 돈이 없어서 울고, 직장 상사한테 혼나서 울고, 집 대출 갚느라 울고 있다. 아이 때나 어른 때나 마찬가지다. 나중에 행복이 찾아오질 않는다. 억울하기 싫으면 지금 행복을 찾아야 한다.

다시 살면 된다

...

살다 보면 망할 때도 있고, 사기를 당할 때도 있고, 재산을 모조리 날릴 수도 있다. 운이 없어서 그런 거지 우리의 잘못이 아니다. 지금까지 이 뤄놓은 부를 한순간에 날리게 되면 정신적 붕괴가 일어난다. 자책하고 책망하고 심지어 스스로 목숨을 끊기도 한다.

이러지 말아라. 원래 우리는 빈손으로 태어났다. 그리고 다시 빈손으로 돌아갈 것이다. 좀 빨리 빈손이 된 것뿐이다. 100만 원 벌어서 50만 원 월세 내고, 나머지 돈으로 살아가면 된다. 주어진 환경 안에서 그저 살 아가면 된다. 빚이 있으면 있는 대로 살고, 갚으면서 살면 된다. 삶이 다 할 때까지 못 갚으면 못 갚는 대로 살면 되는 것이다.

남의 부를 부러워 말라

...

남의 부를 부러워하지 말라. 돈은 있는 만큼, 번 만큼 부족하다. 한 달에 1억을 벌면 늘 돈이 풍족할 것 같지만, 그만큼 씀씀이가 늘어 또 돈이 부족해진다. 한 달에 100만 원을 벌어도 돈은 부족하고, 1억을 벌어도 부족하다.

이렇듯 늘 부족한 돈인데, 많이 버는 사람을 부러워할 필요가 없다. 그 시간에 차라리 내가 가진 것에 감사하고 행복한 느낌을 갖는 게 더 좋다. 남의 것을 빼앗을 것도 아니고 도둑질할 것도 아닌데, 부러워하는 시간은 낭비일 뿐이고, 망상일 뿐이다.

행복의 기준

...

불행과 행복을 이분하지 말라. 그 중간이 있다. 불행하지도 행복하지도 않은 상태다. 이런 상태는 과연 무엇일까? 불행일까? 행복일까?

이런 상태도 행복이다. 즉, 불행하지 않으면 다 행복이다. 행복의 기준을 이렇게 정하라. 높이 잡지 말라. 불행하지도 행복하지도 않은 상황도 행복이라고 생각할 때보다 행복해지는 기회가 많아진다.

욕심을 버려라

...

욕심은 내가 할 수 있는 능력 밖의 일을 꿈꾸는 것을 말한다. 내 현재 경제적 상황에서는 도저히 외국 여행을 생각할 수 없는데, 그걸 꿈꾸는 것은 욕심이다. 내가 현재 반에서 중간 정도 하는데 서울대 입학을 꿈꾸는 것도 욕심이다.

욕심이 생기면 마음이 불편해진다. 그 욕심을 채우기 위해 요행을 바라게 된다. 요행을 넘어 범죄를 저지르기도 한다. 이런 욕심은 버려야 한다. 반면, 지금은 못 가지만 외국 여행을 가기 위해 차곡차곡 돈을 모으면서 꿈을 꾼다면 이건 욕심이 아니다. 지금은 반에서 중간 정도 하지만 매일 열심히 공부하면서 성적을 끌어올려 서울대를 목표로 하는 것도 욕심은 아니다.

놀지 말고 일하라

...

놀면 행복할 것 같지만, 실상은 그렇지 않다. 일부러 해 줘야 할 것이 많이 생긴다. 일을 하면 자연히 체력이 올라가지만, 일을 하지 않으면 운동 시간을 특별히 만들어야 한다. 일을 하면 자연히 돈이 생기지만, 일을 하지 않으면 돈 벌 궁리를 또 해야만 한다.

일을 하면 돈이 생기고, 건강도 챙기고, 사회적 교류도 생기며, 능력 발휘도 되고, 인류 공영에 이바지할 수 있게 된다. 하지만 일을 하지 않으면 돈도 안 생기고, 건강도 나빠지고, 사회적 교류도 떨어지고, 능력 발휘할 곳도 없어지고, 인류 공영은커녕 내 한 몸 보살피기도 힘들어진다.

주어진 일에 충실하라

...

하는 일이 싫고 다른 일을 해보고 싶은 갈등이 생기더라도 주어진 일에 최선을 다하라. 어쩌면 주어진 일이 천직일지도 모른다. 생각보다 다른 일이 지금 하고 있는 일보다 더 힘들 수도 있다.

내가 어쩌다가 이 일을 하게 되었는지 생각해 보라. 어쩌면 애초부터 나에게 배정돼 있던 일이 아니었을까? 내가 아니면 안 되는 일이 아니었을까? 신이 있다면 나에게 이 일을 꼭 하라고 명령을 내린 것은 아닐까? 주어진 일 안에서 보람과 행복을 느껴 보아라.

수행자처럼 살아라

...

많은 것을 얻고, 많은 것을 누리려고 살기보다는 덜 먹고 덜 쓰는 삶을 택하라. 욕심을 내지 말고, 주어진 것에 감사하며, 작은 것에도 행복을 느낄 줄 아는 사람이 되어라. 많이 갖기보다는 많이 주는 걸 택하고, 배려하고 나눔을 실천하는 삶을 살아라.

내 것에 집착하게 되면, 그 집착은 괴로움으로 변하고, 결국 나는 행복해질 수 없게 된다. 자신을 억제하고, 절제하는 삶을 추구할 때 자유로운 영혼이 되어 어디에도 얽매이지 않게 되고, 가볍고 산뜻한 삶을 살 수 있게 된다.

애쓰지 말라

...

노력하는 것이 좋긴 하지만, 너무 노력하는 것, 애를 쓰는 것이 꼭 좋지만은 않다. 열심히 인생을 사는 것도 그다지 행복하지는 않다. 그냥 사는 거고, 그냥 하는 거다. 그 정도면 된다.

애를 쓰면 욕심이 생기고, 마음이 급해지면서 조급증이 난다. 안달복달 자신을 볶아대면서 고통 속으로 집어넣게 된다. 한마디로 힘들어진다. 애는 쓰지 말고 그냥 하라. 뚜벅뚜벅 하라. 차근차근 하라. 매일 조금씩만 하라.

정의롭게 살라

...

강자에게 강하고 약자에게 약하게 사는 것이 올바르게 사는 것처럼 생각되겠지만, 그렇지 않다. 올바르게 사는 것은 정의롭게 사는 게 올바르게 사는 것이다. 이를 혼동해서는 안 된다.

약자가 악인일 수 있다. 악인에게 약하게 굴 필요는 없다. 정의를 위해 오히려 그 약자에게 강하게 굴어야 한다. 인정에 매여 후한을 남기기보다는 정의를 택하여 사는 편이 낫다.

행복하다는 말을 많이 하라

...

아주 작은 것에도 행복할 줄 알아라. 그리고 그것을 표현하라. 달콤한 아이스크림을 먹으면서도 '아~ 행복해'라고 표현하라. 산책을 하다가 산뜻한 바람이 불어오는 것을 느끼며 '아~ 행복해'라고 말로 표현하라.

표현은 힘이 세다. 아무리 사랑한다고 해도 표현하지 않으면 상대가 알아차리지 못하는 것처럼, 행복을 표현했을 때는 그 행복감은 더욱 커지게 된다. 그리고 그 표현을 들은 주변 사람들까지 덩달아 행복하게 만들어 준다.

자각하라

...

스트레스는 행복의 큰 적이다. 따라서 잘 다룰 줄 알아야 한다. 스트레스가 오면 제3자적 관점을 가져라. 내가 스트레스를 받고 있구나, 내가 스트레스를 받아서 긴장하고 있구나, 마음이 괴롭구나, 라고 제3자가 나를 관찰하듯이 나의 상태를 그냥 주시하라.

남의 일에 우리는 크게 흔들리지 않는다. 그저 관조적 자세로 바라볼 뿐이다. 측은지심이 생기는 정도이지 본인이 직접적인 피해를 입지 않는다. 이런 자세로 스트레스를 다루는 것이다. 나를 제3자처럼 대할 때 스트레스 지수는 떨어진다.

감사하면 감사한 일이 계속 생긴다

...

이것도 감사하고, 저것도 감사합니다. 이래서 감사하고, 저래서 감사합니다. 마구마구 감사합니다. 다 감사합니다. 이런 식으로 감사를 남발하라. 남용하라. 감사는 또 다른 감사를 불러들인다.

감사할 일을 애써 찾으라. 그리고 그것을 감사하라. 그러면 또 다른 감사가 줄을 서서 우리에게 달려들 것이다. 그러면 또 그것에 대해 감사하라. 감사는 감사를 계속 불러들이게 될 것이고, 우리는 늘 행복하게 살 수 있게 된다.

운이 있어야 성공한다

...

세상 모든 일은 운이다. 능력도 중요하지만 더 중요한 것은 운이다. 운이 좋아야 성공도 할 수 있고, 큰돈도 벌 수 있다. 아무리 능력이 출중해도 운이 받쳐 주지 않으면 성공할 수 없다. 그러니 성공하지 못했다고 자책 말라, 운이 없었을 뿐이다.

운을 좋게 하기 위해서는 긍정적인 생각을 해야 한다. 이는 곧 행복으로 이어진다. 즉, 행복하게 살려는 자세를 견지하면 운이 따른다. 감사하고, 긍정적이고, 배려하고, 밝게 살 때 운이 따른다.

남 탓하지 말라

...

남 탓을 하는 순간부터 해결책은 없어지고, 쇄락의 길로 접어들게 된다. 문제를 대할 때는 나로부터 시작해야 한다. 그래야 발전이 있다. 남 탓을 일삼는 이에게는 늘 수동적일 수밖에 없고, 상황에 휘둘릴 수밖에 없다.

그렇다고 모든 것을 내 책임으로 삼지는 말아야 한다. 대신 남 탓은 하지 말라. 나부터 고칠 부분이 없는지 확인한 뒤에 남을 탓해도 탓하라. 하지만, 결국 나로부터 해결책을 찾아야 할 것이다.

자식에 대한 집착을 버려라

...

자신의 어릴 적은 생각하지도 못하고, 자식만 탓하는 부모가 대부분이다. 자신은 더했으면서 자식에게는 왜 그토록 바랄까? 더 잘 되었으면 하는 마음이야 이해한다지만, 우리 또한 자식 못지않게 부모님 속을 썩이지 않았던가.

그냥 두어라. 특별히 남을 해하거나 피해를 끼치지 않는 한 그냥 두어라. 알아서 다들 잘 큰다. 위험한 일에서 벗어나게 해 주고, 울타리야 쳐 주어야겠지만, 그 이상은 필요 없다. 다 크면 다 먹고산다.

나그네처럼 살다가 가라

...

많이 가질수록 하늘로 돌아갈 날이 못내 두렵고 안타깝기만 할 것이다. 그 많은 것을 다 놓고 가려니 말이다. 재산이 많을수록 죽음이 더 두렵다. 영원히 소유할 줄 알았는데, 영생하지 못함에 마음이 아프다.

가벼운 행장 차림으로 살다가 가야 한다. 너무 무겁지도 그렇다고 너무 가볍지도 않은 적당한 행장 차림으로 유유히 즐기다가 가면 된다. 가는 날을 손꼽아 기다릴 수 있으면 잘 살다가 가는 것이다.

남을 무시하지 말라

...

사람 위에 사람 없고, 사람 밑에 사람 없다. 가진 게 많다고 권력이 있다고 사람을 강압하게 되면 불행을 자초하는 길이다. 사방에 적을 만들게 되며, 후한을 남기게 된다.

사람을 업신여기게 되면, 말과 행동이 거칠어진다. 겸허하지 못하고 마음대로 휘두르게 된다. 그것에 어느 누군가는 반드시 다치게 된다. 덕을 베풀기도 모자를 판에 굳이 악을 쌓으려 하는가.

돈만 모으지 말라

...

돈은 소중하다. 돈이 없으면 인생이 곤란해진다. 돈을 경시해서는 절대로 안 된다. 그렇다고 돈을 너무 안 써도 안 된다. 적당히 해라. 가끔은 값비싼 호텔을 이용할 줄도 알아야 하고, 가끔은 기분도 낼 줄 알아야 한다.

돈을 왜 버는가? 쓰려고 번다. 그런데 돈을 단순히 모으기만 하는 사람들도 있다. 든든하기 때문이다. 쓰지도 못할 돈을 모아서 무엇에 쓰려고 하는가. 돈은 쓰라고 만든 것이다. 써야 경제도 돈다.

외도하지 말라

...

아무리 자신이 행복을 위한답시고 배우자를 배신해서는 안 된다. 가정을 지키지 못하는 자는 행복할 자격도 없다. 외도가 하고 싶다면 정정당당히 이혼부터 먼저 하고 다른 사람을 사귀어라.

우리 사회는 생각보다 외도가 만연하다. 같은 아파트에 사는 이웃끼리 붙어먹기도 하고, 미용실 손님과 직원끼리 붙어먹기도 한다. 이거야 결혼하기 전이면 아무 상관 없지만, 버젓이 가정을 이루고 있는 사람들이 개, 돼지같이 붙어먹어야 하겠는가.

악기 하나는 하라

...

음악을 듣는 것도 좋지만, 악기를 하나 정도 다루면 생활이 더 윤택해진다. 피리 좋다. 피아노 좋다. 바이올린, 기타, 베이스, 드럼, 북, 징, 장구, 가야금, 대금 뭐든 다 좋다.

악기를 다루면 자연스레 음악의 힘에 노출되게 된다. 음악은 우리의 정서를 정화시켜 주고 안정시켜 주는 역할을 한다. 음악 하는 사람들이 젊게 사는 이유가 다 여기에 있다. 메마른 나무처럼 살지 말고, 생생한 들풀처럼 살라.

운동 하나는 하라

...

축구, 야구, 족구, 골프, 당구, 볼링, 요가, 필라테스, 발레, 스포츠댄스, 헬스, 검도, 복싱, 주짓수, 줄넘기, 탁구, 테니스 등등 운동에 관련된 학원 및 단체가 많다. 이 중 하나는 하라.

몸을 놀려야 건강이 찾아온다. 아무리 정적인 사람이라도 이 중 하나는 해야 한다. 운동을 하면서 정신적 스트레스도 날리고, 몸도 건강해지니 무조건 해야 한다. 걷기라도 해야 한다.

작디 작은 것에 감사하라

...

큰 것에 감사할 일을 찾으면 거의 없다. 인생에 한두 번 정도 있을까 말까다. 하지만 작디작은 것에 감사하면 하루에도 숨 쉬는 횟수만큼 감사할 일이 많을 것이다.

작은 것에 감사하지 못하는 사람은 큰 것에도 감사하지 못한다. 고기도 먹어본 사람이 맛을 안다고 감사도 해 본 사람이 맛을 알게 된다. 작은 성공이라도 계속 해 본 사람이 큰 성공도 이루는 법이다.

부러워하지 말라

...

살다 보면 남이 부러울 때가 많다. 연예인이 150억을 가지고 집을 샀다느니, 40억을 주고 샀는데 배로 올라 80억에 팔았다느니, 참으로 부러울 일이다. 그런데 부러워하면 나에게도 뭔가 떨어지면 좋겠는데, 그렇지 못한 것이 문제다.

따라서 부러워하기보다는 내가 가진 것에 감사하자. 남이 부럽다면, 그때는 내가 가진 것에 감사할 타이밍인 것이다. 그나마 전셋집이라도 있으니 두 발 뻗고 자는 것 아니겠는가. 그나마 회사라도 다니니 밥은 굶지 않고 사는 것 아니겠는가.

골치 아프면 냅둬라

...

동아리 모임이나 사적인 모임에서 의견을 취합할 일이 생긴다면 분명히 골치 아픈 일이 생긴다. 의견이 조율되지 않아서 갈팡질팡할 것이다. A를 택하려니 모임 인원이 전부 모이질 않고, B를 택하려니 또 다른 문제가 생기게 마련이다.

그럼 어쩐다? 만약 주관자가 바로 당신이라면? 충분히 의견을 조율하고 묻고 어쩌고 하면서 최적점을 도달하려고 노력이야 하겠지만, 어느 누구에게나 만족스럽지는 못할 것이다. 따라서 그냥 대충해라. 누군가 나서거나, 시간이 해결해 줄 것이다.

타인의 삶을 소중히 여겨라

…

모든 사람은 평등하고 고귀하다. 멍청이같이 보여도, 모두 소중하고 고귀한 존재다. 천하의 죄를 지은 범죄자도 그 어미에게는 소중한 아들이다. 죄를 미워하되 사람을 미워하지 말라고 했다.

어린아이도 힘없는 병자도 모두 소중한 인격체다. 약한 자를 힘으로 누르려 하지 말고, 오히려 도와주어라. 그들의 삶을 소중히 생각하여라. 그럴 때 다른 누군가도 나의 삶을 소중히 생각해 줄 것이다.

좋은 습관을 가져라

...

생각이 행동을 만들고 행동이 습관을 만든다. 습관이 결국 우리를 지탱해 줄 최후의 보루가 된다. 좋은 습관을 몇 개 장착하게 되면, 그 하찮은 습관으로 인해 매우 유익한 것을 챙길 수 있다.

식사를 한 뒤 습관처럼 산책을 한다면 건강을 챙기게 될 것이다. 아침에 일어나자마자 스트레칭을 한다면 유연한 몸을 갖게 되어 낙상에도 뼈가 부러지는 일이 드물게 될 것이다. 밥을 먹고 양치하는 그 작은 습관이 충치로 인해 치아를 빼는 고통에서 해방시켜 줄 것이다.

출근하기 싫다면

...

매일 반복적으로 출근하는 게 갑자기 지겨울 때가 있다. 자유 직업을 선택하고 싶고, 프리랜서로 지내고 싶다. 근데 자유 직업이나 프리랜서는 매달 꼬박꼬박 월급이 나오는 우리를 부러워하는 것도 알아야 한다.

원래 남의 떡이 커 보인다. 억지로 뭔가를 하는 것에 짓눌린 기분이 들겠지만, 때론 억지로 뭔가를 했기에 휴식의 달콤함도 맛볼 수 있는 것이다. 사기를 당해 패가망신을 당해도, 목숨줄이 붙어 있는 한, 어제 죽어간 이가 그토록 원하던 삶을 살아가고 있는 것이 아니겠는가.

허무감이 든다면

...

문득 나이를 너무 많이 먹지 않았나 싶은 기분이 든다. 나이는 먹었는데 해 놓은 것이 너무 없는 듯한 헛헛한 기분도 든다. 실패한 인생이라고 치부하기도 하고, 앞으로 살아갈 날이 걱정되기도 한다.

걱정하지 말라. 숲에 사는 다람쥐는 내일 일을 걱정하지 않는다. 오늘 몇 살인지 생각하지 않는다. 자부할 만큼 해 놓은 것도 없다. 그냥 오늘 하루를 충실히 살 뿐이다. 오늘 도토리 모으는 일에 최선을 다한다. 그 뿐이다.

자신을 드러내지 말라

...

자기 PR 시대라고 SNS 등에 자신을 알린다. 남이 알아주기 전에 먼저 나서서 나 잘났어요! 라고 말하는 것이다. 일정 부분 필요하긴 하는데, 될 수 있으면 피곤한 고리를 만들지 말라.

나 잘난 것을 드러내는 순간부터 적은 기하급수적으로 생기기 마련이다. 늘 겸손하고, 오히려 잘난 것을 감추어야 한다. 겸손한 자에게는 친구가 생기지만, 떠들어 대는 자에겐 적만 생길 뿐이다. 정말 내가 잘났다면, 드러내지 않아도 저절로 드러나는 법이다. 좀 늦으면 어떤가. 천천히 드러내라.

매일 산책하라

...

걷기는 우리에게 활력을 준다. 가장 손쉽게 운동할 수 있는 방법이 걷기다. 몸에도 좋지만 정신건강에도 좋다. 상쾌함을 느낄 수 있고, 약간의 땀이 난다면 후련함과 몸이 정화되는 걸 느낄 수 있다.

우울증 환자가 첫 치료로 가장 많이 하는 것은 걷기다. 할 수 있을 만큼 매일 걷는다. 그러다 보면 이동 거리가 늘어나게 되고, 삶의 의지가 생기고, 우울함이 날아가게 된다. 우울함이 날아갈 때까지 걸어 보아라.

사람 많은 곳에 가지 말라

...

가지 많은 나무에 바람 잘 날 없다고, 사람 많은 곳에 사건사고가 많이 일어난다. 의도치도 않게 범죄자로 몰려서 도망가야 할 수도 있고, 누구에게 얻어맞을 수도 있고, 억울하게 누명 쓸 수도 있다.

고요하고 한적한 곳이 좋지 번잡스러운 곳은 되도록이면 피해야 한다. 제어할 수 없는 외부 요인이 많을수록 점점 수동적이 될 수밖에 없게 된다. 상황에 의해 내가 이리 쏠리고 저리 쏠릴 수 있으니, 온전한 나를 지키기 위해서라면 사람 많은 곳에 가지 말라.

깜짝 선물을 하라

...

특별한 날이 아니더라도 간단한 선물을 하면 상대방의 기분을 좋게 만들 수 있다. 그날의 느낌에 따라 선물을 해보라. 오랫동안 연락을 하지 않던 친구에게 간단한 선물을 보내라. 친구 생일에 선물을 받은 것보다 더 감동할 것이다.

남을 기쁘게 하면 나 또한 덩달아 행복해진다. 다른 의도가 없는 선물일 때를 말한다. 그저 주고 싶어서 주는 선물이다. 오직 상대를 기쁘게 만들어 주고 싶어서 보내는 것이지, 다른 의도가 있는 선물이 아니다. 뜻밖의 이런 선물로 남을 행복하게 만들면, 그럴 수 있는 나에 대해 존재감을 느낄 수 있다.

기분을 좋게 만들어라

...

나쁜 상황도 기분을 좋게 만들 수 있으면 해결된다. 기분을 좋게 만들기 위해 기분을 돋구는 음악 하나 정도는 늘 준비해 놓아라. 기분이 꿀꿀해지면 그 음악을 트는 것이다. 기상과 동시에 음악을 틀어 상쾌함을 느껴라.

어떤 노래도 좋다. 자신의 기분을 좋게 만들어 주는 음악을 늘 준비해 놓고 있다가 기분이 가라앉을 때 들어라. 삶의 비타민이 되어 줄 것이다.

공적으로 거짓말을 하진 말라

...

개인적인 선의의 거짓말은 해도 괜찮지만, 공적인 거짓말은 금해야 한다. 거짓말은 범죄가 되고, 감옥에 갈지도 모른다. 누구에게 피해를 줄 수 있으며, 나쁜 놈이 되는 지름길이다.

사실을 말하면 내가 손해를 볼 것 같은 기분이 들어도 사실을 말하라. 그리고 손해를 보라. 덮는다고 다 덮이지도 않을 뿐더러 두고두고 후회하게 된다. 사실이 밝혀질까 봐 걱정하게 되면서부터 오늘 저녁잠부터 설치게 된다.

힘든 쪽을 택하라

...

편한 길과 힘든 길을 두고 고민이 될 때는 힘든 길을 택하라. 그게 나중에 돌아보면 더 이득이다. 편하다는 것은 변화를 거부하는 태도다. 이런 태도로는 성과를 얻을 기회가 적어진다. 기회를 잡고 싶다면 힘든 길을 택하라.

당장은 힘들겠지만, 사실 그렇게 힘든 것도 아니다. 살만하니까 힘들다고 생각도 드는 것이다. 정말 힘들면 힘들다는 생각조차 하지 못한다. 힘들다고 느끼는 것은 요령 피우려는 마음일 뿐이니 힘들어 보이는 길을 택하라.

경제적 자유를 추구하지 말라

...

다들 돈 많은 백수를 꿈꾼다. 돈이 많으면 직장에 나가지 않아도 되고, 그저 놀면서 떵까떵까할 수 있으니 말이다. 그게 좋은 줄로 안다. 하지만 그건 권태로 가는 길이다. 인생에서 권태 다음은 자살이다.

의지가 강하고 혼자 놀기의 달인이라면 모를까 대부분은 경제적 자유를 제대로 누리지 못한다. 경제적 자유를 얻기까지 고생고생했지만, 정작 되어보면 허무와 권태가 몰려들 뿐이다. 그간 너무도 열심히 살아서 확 늘어난 시간과 돈을 어떻게 쓸지 모른다. 오늘 뭐 할까? 고민하다가 아까운 시간을 다 보낸다.

말을 많이 하지 말라

...

말은 실수를 자아낸다. 말을 많이 할수록 실수만 늘 뿐이다. 말을 많이 해서 득이 될 일 하나 없다. 오히려 독이 될 뿐이다. 하여 될 수 있는 한, 말수를 줄여라. 화는 입에서 나온다.

뱉은 말은 주워 담을 수 없다. 말을 하기 전에 3번 생각하면 좋겠지만, 딱 1번만이라도 생각하면 다행이다. 우리는 얼마나 쓸데없는 말을 많이 하는가? 또 그로 인해 얼마나 큰 고통을 느끼는가. 말은 독이다.

남에게 피해 주지 말라

...

내 자유대로 하는 것은 맞지만 남에게 피해를 주면서까지 하는 것은 죄다. 그것은 방종이요, 기만이요, 꼴불견이다. 다 이용하는 카페의 테이블에 발을 척 올려놓고 책을 읽는 모습이 좋아 보이지는 않는다. 남에게 불편을 주기 때문이다.

나의 행복을 위해 남을 희생해서는 안 된다. 더불어 행복하면 모를까, 나를 위해 남을 써먹는 것은 저 북한의 김정은이나 하는 일이다. 개인의 영달을 위해 백성들을 괴롭히는 폭군과 다를 바 없다.

가지려면 버려라

...

뭔가를 원하는 게 있다면 뭔가를 내놓아야 한다. 모두 다 가질 수는 없다. 전교 1등을 원한다면 게임하는 시간을 버려야 한다. 돈을 많이 벌고 싶다면 노는 시간을 버려야 한다. 다 가지려고 하면 시간만 오래 걸리고 결국 이루지 못하게 된다.

원하는 일이 있으면 하라. 머뭇거리지 말고 즉시 시행하라. 참지 말라. 그리고 깨지고 망가져라. 다시 일어나서 도전하라. 계속 진행하라. 원하는 것을 위해 무엇을 버릴지 고민하라.

선의의 거짓말을 하라

...

고부간의 갈등은 어느 집이나 힘들다. 만약 당신이 아들이라면 그 중간에 껴서 누구의 편을 들지 고민될 것이다. 좋은 해결책이 있다. 어머니가 말씀하시면 어머니 편을 들고, 아내가 말하면 아내 편을 들라.

셋이 같이 있는 자리에서도 마찬가지다. 아내가 뭐라고 말하면 아내 역성을 들고, 어머니가 뭐라고 말씀하시면 어머니 편을 들어준다. 그러면 아내와 어머니가 너는 도대체 누구 편이냐며, 줏대가 없냐며, 공격하기 시작할 것이다. 나를 희생함으로써, 아내와 어머니가 한 편이 되는 결과를 낳게 된다.

중독에 빠지지 말라

...

중독의 가장 큰 문제는 의존성이다. 외부에서 주어지는 자극에 매달리게 된다. 당연히 나의 존재는 온데간데없다. 내가 주인이 되지 못한다. 지극히 수동적이며, 삶을 잃게 된다. 더 큰 자극을 바라게 되고 결국 파멸에 이른다.

중독의 고리가 적을수록 행복해진다. 중독될 정도까지 하지 말고 적당히 즐겨라. 적당히 즐길 수 없다면 당장 끊어라. 당장 끊지 못하겠거든 차츰차츰 끊어라. 의지로 안 되면 병원의 힘을 빌려라.

잠은 충분히 자라

...

북한 공산당이 세뇌 교육을 시킬 때 잠을 안 재운다. 나의 의식에 인조된 의식을 삽입한다. 김정은에게 절대 충성을 각인시킨다. 이렇듯 잠을 제대로 자지 못하면 정상적인 사고를 할 수 없고, 건강에 좋지 않다.

잠은 보약이다. 잠만 잘 자도 웬만한 병은 나을 수 있다. 잠만 잘 자도 상쾌한 기분을 얻을 수 있다. 따라서 잠을 줄여서까지 뭔가를 한다는 짓은 하지 말라. 오히려 깨어 있는 시간에 짬 나는 시간을 이용하면 잠까지 줄이지 않아도 된다.

화를 참지 말라

...

화는 부정의 기운이다. 화를 참는다는 것은 부정의 기운을 몸에 간직하게 된다는 의미다. 따라서 화를 적절하게 적당한 때에 내 몸 밖으로 내보내야 한다. 그렇다고 화가 나는 상황마다 즉시 화를 내서는 안 된다. 적당하게 내 몸에서 정화시킨 뒤 밖으로 내보내야 한다. 쓰레기를 분리수거하지 않고 밖으로 내보내선 안 되는 것과 마찬가지다.

화가 나는 순간 화를 봉지에 담아놨다가 시간이 될 때 화가 나는 이유에 대해서 생각을 해 본다. 상대방 입장에서도 생각해 본다. 이해해 줄 부분은 이해한다. 종이와 펜을 꺼내 화를 쏟아낸다. 화의 기운을 거의 뽑아냈으면 종이를 발기발기 찢는다. 화를 휴지통에 버린다.

험담하지 말라

...

뒤에서 남을 욕하면 기분이 통쾌해지는 것 같지만 결국 그 화살은 자신에게로 돌아온다. 내가 남을 욕하는데 남이 나를 욕하지 않을까? 험담 대신 칭찬을 하라. 누군가 나를 뒤에서 칭찬한다는 이야기를 들으면 친구를 한 명 더 갖는 결과를 낳는다.

험담으로 굳이 적을 만들지 말라. 누군가 나에게 제3자를 험담할 때 거기에 동조하지도 말라. 그저 고개만 끄덕여 주고, 화제를 다른 곳으로 돌려라. 그게 힘들면 갑자기 약속이 있다면서 그 자리를 떠나. 괜히 같이 있다가 싸잡히지 말라.

관계를 좋게 하라

...

인간관계를 좋게 하는 방법은 칭찬하면 된다. 좋은 말만 골라서 하고 나쁜 말은 아예 하지 말라. 친구가 하는 말을 다 들어주고, 호응을 해 주고, 칭찬을 해 주어라. 칭찬만큼 관계를 개선시키는 것은 없다.

칭찬하는 데는 돈도 들지 않는다. 선물을 준비하려면 돈 만 원이라도 들어가지만, 칭찬은 공짜다. 관계를 개선하고 싶은 사람이 있다면, 칭찬을 늘어놓아라. 아들과 트러블이 있다면, 칭찬해 보라.

일상이 행복이다

...

일주일은 7일이다. 우리는 보통 5일은 일하고 2일은 쉰다. 우리에게 친숙한 시간은 그 5일이다. 그 5일을 어떻게 사느냐가 중요하다. 주말 2일을 위해 5일을 살 것인지, 평일 5일을 위해 주말 2일을 살 것인지 고민하라.

친숙한 5일을 사랑하라. 그 안에 행복이 있다. 행복이 주말 2일에 숨어있을 것 같지만, 주말을 보내고 난 뒤에 알게 된다. 내가 돌아갈 곳은 평일 5일이라는 것을. 5일을 지옥같이 보내고 싶지 않다면 그 5일에서 행복을 찾아라.

새로운 일에 도전하라

...

늘 하던 일만 하면 인생이 따분해진다. 새로운 일을 겪어야 살맛 나는 인생을 살 수 있다. 늙을수록 하던 일만 하는 경우가 많은데 이는 늙는 속도를 가속화할 뿐이다. 세상에 변하지 않는 것은 없고, 또 가만히 있는 것도 없다. 무거운 바위도 원자는 늘 진동으로 떨고 있다.

늘 다니던 길로만 다니지 말라. 오늘은 다른 길로 다녀보라. 보지 못했던 것에 두려움을 느끼기보다 호기심을 가져라. 그게 늙지 않고 즐거운 인생을 사는 비법이다. 큰 변화가 무섭다면 작은 변화부터 하나씩 시작해 보라.

성공을 포기하라

...

꼭 성공하겠다는 집념이 나를 망가뜨린다. 그보다는 그저 인생을 즐기겠다는 자세가 더 좋다. 성공이라는 것은 내가 살아온 날에 대한 남의 평가다. 남의 평가에 휘둘려 살 필요가 없다. 그러려면 성공을 포기하라.

성공을 포기하게 되면 마음이 가벼워진다. 오늘 하루를 즐기면서 살 수 있게 된다. 내일을 위해 오늘을 포기하는 일을 반복하지 않아도 된다. 하루를 더 소중히 생각할 수 있게 된다. 온전한 나로 살 수 있게 된다.

적을 만들지 말라

...

친구로 만들지 못할지언정 적으로는 만들지 말라. 괜한 훈수는 두지 말고 남을 배려하라. (칼로) 베려하지 말고 (남을) 배려하라. 적을 만든다는 것은 미래에 불행을 저축해 놓는 것과 같다.

친구는 많아도 큰 도움이 안 될 수 있다. 하지만 적은 단 하나만 있어도 치명적이다. 친구 100명으로 적 1명을 이기지 못한다. 친구를 사귀기보다 적을 만들지 않는 것에 더 집중하는 편이 좋다.

돈 자랑하지 말라

...

돈을 자랑하게 되면, 똥파리가 꼬인다. 꼭꼭 감춰놓고 혼자 즐기면 되지 그걸 굳이 자랑하지 말라. 귀찮은 일이 생기기만 한다. 돈 꿔달라는 놈, 투자하자는 놈, 사기꾼 등등을 불러 모을 뿐이다.

돈을 벌었으면 써라. 죽을 때까지 저금만 하지 말라. 행복은 향유에서 오는 것이지 소유에서 오는 것이 아니라고 했다. 돈을 벌고 일정 부분 저금하고, 남는 한도 내에서 써라. 쓰려고 버는 거니까.

말조심하라

...

말하는 데는 돈도 들지 않는다. 그리고 누구나 말을 할 수 있다. 하지만 누구나 말을 잘할 수는 없다. 잘하지 못하면 차라리 함구하는 편이 낫다. 특히나 남의 기분을 상하게 만드는 말은 아예 하지 말라.

말로 상대를 원수로 만들 수 있다. 좋은 말만 하라. 남에게 이래라저래라 오지랖을 떨지 말라. 남에게 하는 말은 좋은 말만 하라. 좋은 말도 듣기에 따라서 나쁘게 듣는 이도 허다하니, 말을 참으로 조심해야 한다.

여행을 떠나라

...

기분을 상쾌하게 해 주는 것으로 여행만 한 것도 없다. 현재의 분위기를 급반전시킬 수 있는 게 여행이기 때문이다. 자신이 늘 있던 자리에서는 새로움을 추구하기가 어렵다. 환경 자체를 바꿔 줘야 하는데, 가장 현실적이고 효과적인 것이 바로 여행이다.

떠나기 전부터 설렘이 있다. 여행 계획을 세울 때부터 이미 우리의 마음은 여행지에 가 있다. 생각 자체만으로 들뜨고 마음이 기쁘다. 여행은 3일이지만, 계획을 세우고, 여행을 기다리는 기간까지 합하면 꽤 괜찮은 투자다.

글을 써라

...

마음을 편하게 만들어 주는 것은 다름아닌 쓰기다. 현재의 복잡한 마음을 글로 풀어내라. 마음이 평온해질 때까지 말이다. 광풍이 잦아들고, 슬픔이 흐트러지고 행복은 증진된다.

죽이고 싶은 사람이 있으면 종이와 펜으로 할 수 있다. 죽이고 싶은 이유와 어떻게 죽일지, 왜 그토록 증오하는지, 어떻게 하면 완벽하게 복수할 수 있을지에 대해서 자세히 써라. 그리고 태워버려라. 누가 볼 수 있으니.

책을 읽어라

...

책은 만고의 진리가 숨어 있다. 도서관에 가보면 수천수만의 인생의 스승이 우리를 기다리고 있다. 우리의 게으름으로 진귀하고 소중한 가르침을 놓치고 있는 것이다. 인생이 힘들면 반드시 책을 보아라.

책의 마력은 여기에 있다. 힘든 일에 절절 맬 때 우연히 책을 보게 되면 그에 대한 해답이 톡 하고 튀어나온다. 마치 오래도록 나를 기다렸다는 듯이 말이다. 이런 신기한 경험을 반드시 해보길 바란다. 자연히 독서광이 될 것이다.

원수는 무시하라

...

원수를 사랑할 수는 없는 법. 다 사랑할 수는 없는 법. 부모를 죽인 사람을 사랑하지는 못한다. 가족을 해한 사람을 용서하기도 그렇다. 우린 성인군자가 아니다. 그 정도로 우리가 대단한 사람이 아니다.

용서는 못 할지언정 무시 정도는 가능하다. 복수를 위해 노력하지는 말라. 복수를 꿈꾸는 시간이 지옥이 된다. 원수는 땡까땡까 다 잊고 재미지게 사는데 우리는 그 안에 갇혀서 힘들어한다면 오히려 우리가 더 당하고 있는 셈이다.

남을 도우라

...

나만 잘 먹고 잘살면 무슨 재미인가? 더불어 잘살아야 한다. 같이 잘사는 것이 결국은 내가 잘사는 길이다. 주변에 못사는 사람이 즐비해서 늘 도움을 청하고 돈을 꿔달라고 한다면 얼마나 피곤하고 골치 아프겠는가.

내가 남을 도울 때 그 사람의 얼굴을 보라. 환한 미소와 행복이 그 사람에게 나타나지 않는다. 이를 본 나의 마음도 행복감으로 전이된다. 주었는데도 행복할 수 있다. 나누어라. 베풀어라. 도와주어라.

나를 규정하라

...

내가 잘하는 것으로 인생은 규정되어진다. 내가 봉직했던 직업으로도 규정되어진다. 김구 하면 독립운동가가 바로 떠오르고, 이순신 하면 장군이 떠오른다. 아인슈타인 하면 물리학자. 그럼 당신은 무엇인가?

후손들에게 어떤 사람으로 그려지기를 원하는가? 거기에 인생의 지침이 있다. 그렇게 살면 된다. 그저 그런 사람이 되고 싶은가? 유명인이 되고 싶은가? 세상에서 가장 슬펐던 사람으로 기억되고 싶은가? 세상에서 역대 가장 행복한 사람으로 살다 가고 싶은가?

전문가가 되어라

...

늙을수록 힘이 빠지지만 지혜는 늘릴 수 있다. 젊은 시절부터 충분한 사고와 지식의 습득이 버무려지면 이내 지혜가 솟아오르게 되어 있다. 지혜가 있으면 어떤 일을 해결할 때 단 1초 만에 가능하지만, 지식만 갖고는 해결이 오래 걸린다.

어느 누구나 나이가 60 정도 되면 주특기 분야가 있게 된다. 그 분야에서 누가 묻더라도 화끈하게 대답할 수 있을 정도의 지혜를 품어 놓아라. 이런 게 최소한 한 개는 되어야 한다. 두 개면 더 좋고, 세 개면 더욱더 좋다.

남을 믿지 말라

...

착한 사람 코스프레로 살다가는 인생이 아작이 난다. 특히나 친한 사람의 배신이 그렇다. 사람을 그저 믿기 때문이다. 일일이 따져 묻는 게 바람직하지는 않지만 늘 경계하고 조심해야 한다.

원래 사기는 잘 아는 사람에게 당한다. 통념보다 더 큰 수익을 얻으려는 욕심이 화근이다. 정직하게 벌고 정직하게 쓰면 탈이 없는데, 자꾸 요령을 피우다 보면 사람도 잃고 돈도 잃게 된다.

식도락을 즐겨라

...

먹는 것에 열중하는 모습을 보면 천하게 보이기도 하지만 인간의 본성이 그러한 걸 어찌하겠는가. 맛있는 음식을 먹을 수 있다는 것은 축복이다. 우리의 조상 오스트랄로피테쿠스는 지금 우리가 먹는 스파게티를 모를 것이며, 불고기를 모를 것이다.

감사한 마음으로 즐겁게 식사하여야 한다. 재수가 없어서 그때 태어났다면 하루 종일 달리고 달려서 겨우 개구리 뒷다리나 맛볼 수 있을지도 모른다. 주어진 환경에 감사하기, 투덜거리기보다는 감사하여라.

오늘이 주는 의미

...

오늘은 가장 오래 산 날이기도 하지만, 앞으로 살아갈 날 중 가장 젊은 날이기도 하다. 이와 비슷하게 인생은 불행이기도 하지만, 행복이기도 한 것이다. A가 A이기도 하지만 B이기도 하고, A′이기도 하지만 A″이기도 하다.

오늘은 그저 오늘이 아니다. 어떤 의미를 부여하느냐에 따라 달라진다. 특별한 의미를 부여하라. 허투루 날리지 말라. 오늘을 무시하는 자는 내일이 없다. 내일을 살지 말라. 오늘만 살아라.

나 먼저 챙겨라

...

내가 행복해야 남도 행복하게 해 줄 수 있다. 나는 행복하지 않은데 남을 행복하게 해 주는 것으로 정신분열증에 걸릴 수 있다. 내가 행복하지 못한 상태로 남을 행복하게 해주는 것은 곧 나를 희생하는 것이 된다. 희생이 지속되면 분노가 쌓인다. 한이 서린다. 본전 생각이 난다. 남에게도 희생을 바라게 된다.

먼저 나를 챙겨라. 남은 그다음이다. 나를 먼저 행복하게 만들어라. 그런 후에 남은 행복을 남에게 나누어 주어라. 이 순서가 바뀌면 점점 불행해진다. 사람들이 크게 착각하는 것이 후자처럼 살려고 하면서 행복해지려고 한다.

별을 세어라

...

숫자를 센다는 것은 정답이 딱 들어맞는 수학이다. 수학은 과학의 모태가 되고, 정확하고 딱딱한 느낌을 준다. 그러나 별을 세면 이야기는 달라진다. 별을 세는 일은 낭만이 된다. 감성이 된다. 같은 '세는' 것인데 주어에 따라 의미가 완전히 상반된다.

인생도 마찬가지다. 어느 누구에게는 지옥이고, 어느 누구에게는 천국이다. 인생은 고통이라고 생각하면 지옥이 되는 것이고, 인생은 행복이라고 생각하면 천국이 되는 것이다.

동굴을 만들라

...

누구에게나 나만이 들어갈 수 있는 동굴이 필요하다. 돈이 좀 있으면 자기만의 방을 하나 가지면 되고, 돈이 없으면 칸막이 책상을 준비하면 되고, 여의치않으면 근처 독서실이나 스터디 카페, 도서관을 이용하면 된다.

관계에서 오는 피로감을 말끔히 씻어 줄 샤워실이 필요한 것이다. 동굴 속으로 들어가 본연의 나를 만나는 시간을 가지면서 나를 사랑해 주어야 한다. 나를 만나 위로하고 같이 슬퍼하고 같이 기뻐해야 한다. 만나서 자신에게 말을 걸어보라. 편지를 써 보라.

많이 하지 말라

...

마음이 급하여 한번에 다 하려고 덤벼들지 말라. 드라마를 정주행 하더라도 며칠을 두고 야금야금 봐야지 하루에 다 보려고 마구 먹지 말라. 급한 마음을 달랠수록 갈증만 더욱 커지고, 즐기지 못하고 숙제처럼 완료해야 한다는 강박에 시달리게 된다.

그저 매일 조금씩만 하라. 가볍게 산책하는 것처럼 힘을 조절하며 살라. 애를 쓰지 말라. 살짝 내려놓은 듯한 모습으로 살라. 고양이의 걸음걸이를 배워라. 그들은 살랑살랑 살포시 가볍게 스텝을 밟으며 걸어간다.

희망이 있어야 한다

...

전쟁통에서도 사람이 살아갈 수 있는 건 전쟁이 언젠가는 끝날 것이라는 희망 때문이다. 오늘도 힘들고, 내일도 힘들겠지만, 모레는 전쟁이 끝날 것이라는 그 희망으로 살 수 있는 것이다.

현실은 생각한 바대로 흘러가지 않는 것 같지만, 돌아보면 그것도 다 행복의 일환이었음을 알게 된다. 오늘보다는 비스킷 조각만큼 더 나은 내일이 있다는 희망이 우리에게 힘을 준다.

사랑하라

...

만고의 진리는 '사랑하는 사람은 행복하다'이다. 모든 종교가 외치고 있는 교리 또한 사랑이다. 사랑하는 사람의 얼굴을 보라. 얼마나 행복한지를. 사랑하는 사람의 얼굴엔 웃음꽃이 피어 있다.

연인도 좋고, 가족도 좋고, 반려동물도 좋고 뭐든 좋다. 사랑하라. 그래, 일도 좋다. 일을 사랑하는 사람의 얼굴을 보라. 기운이 난다. 밝다. 명랑하다. 긍정의 기운이 감돈다. 그게 바로 행복이다. 사랑의 단비를 맞아라.

거절하라

...

오랜만에 친구로부터 연락이 왔는데 반가운 소식은커녕 돈이 급하다며 돈을 꿔 달라는 얘기를 들었을 때 돈을 꿔 줄까 말까 고민이 된다면 단박에 꿔 주지 말라. 돈을 꿔 주는 순간 친구와는 더 이상 친구로 남을 수 없을 것이며 서서히 연락마저 끊어질 것이다.

이런 갈등에 휘둘리지 말라. 거절하라. 갖은 핑계를 대서라도 거절하라. 그래야 친구를 잃지 않을 수 있다. 그리고 사실 친구라면 이렇게 오랜만에 전화해서 돈을 꿔 달라고 하지 않는다. 그래도 해 주고 싶다면 받지 못할 돈이라고 생각하고 주어라.

남 따라 하지 말라

...

줏대 없이 남이 하는 대로, 남이 떡이 커 보이니까 따라 하면 절대로 안 된다. 남들이 주식으로 돈 좀 벌었다고 나도 벌 수 있다고 착각하지 말라. 남들이 부동산으로 돈 좀 벌었다고 나도 할 수 있다고 생각하지 말라. 나는 나만의 색깔이 있는 법이다.

나의 주특기가 무엇인지 먼저 고민해 볼 일이다. 나에게 맞는 그릇이 있다. 그걸로 성공해야지 무턱대고 남들 따라 해서는 죽도 밥도 안 된다. 다리가 짧은데 어찌 달리기 선수가 될 수 있겠는가. 말보다 글이 편한데 어찌 강사가 되겠는가.

뻔뻔해져라

...

뻔뻔한 사람을 보면 화가 난다. 한 대 때려 주고도 싶다. 근데 가끔은 좀 뻔뻔해야 한다. 그래야 내가 편하다. 물론 남은 싫을 수 있다. 그것도 다 내가 살만할 때 이야기지, 내가 죽겠는데 뻔뻔하지 않을 이유가 없다.

뻔뻔하지 못해서 작은 실수도 용납하지 못하고 자살하는 경우를 왕왕 보게 된다. 더 큰 잘못을 하고도 뻔뻔하게 사는 작자들이 즐비한데, 뭘 그리 성인군자 난 것처럼 깨끗이 살려고 하는가. 좀 더러워도 된다. 뻔 뻔하게 굴라.

너무 열심히 일하지 말라

...

열심히 일하는 것이야 무엇이 잘못됐겠냐마는, 너무 열심히는 하지 말라. 그러다 보면 번아웃 증후군에 걸려 넋을 잃게 된다. 다 하려고 하다 보니 이런 쳇바퀴에 갇히게 되는데, 쉼 없이 달리면 반드시 탈이 나게 되어 있다.

열심히는 하되, 간간히 휴식 시간을 반드시 두어야 한다. 계속 달릴 수만은 없다. 계속 달려야 하는 상황에 놓이면 뭔가 잘못된 것을 느끼고 뛰쳐나와야 한다. 그 끝은 번아웃 증후군에 걸려 아무것도 하기 싫은 상태가 되기 때문이다.

배워라

...

특히나 노년의 행복은 '배움'에서 찾을 수 있다. 내일모레 죽게 생긴 99세 할아버지도 배워야 한다. 왜냐면 배울 때 인간은 활력을 찾기 때문이다. 인생이 재밌어지기 때문이다. 보람되기 때문이다.

우리는 뭔가를 배울 때 열정적이 되고, 활기차지고, 행복해한다. 몰랐던 것을 배웠을 때의 깨달음에 쾌감을 느끼고, 못하던 것을 잘하게 되었을 때의 희열을 느낄 수 있다. 죽을 때까지 행복하려면 배워라.

용서하라

...

원수를 만나기도 한다. 나는 잘못을 하나도 하지 않았는데, 도대체 나에게 왜 이러지? 라는 의문이 생길 정도로 나에게 못된 사람들이 존재한다. 이들을 미워할까? 똑같이 갚아 주어야 할까? 아니면 10배로 갚아 주어야 할까? 은혜는 잊어도 복수는 잊지 말라는 말대로 해야 할까?

미움의 감정이 커질수록 불행해진다. 이들을 포용하고 그냥 넘겨야 한다. 사랑까지는 못하더라도 용서는 해 주어야 한다. 그래야 내가 행복해진다. 복수를 위해 10년을 노력해 봐야 내 속만 끓는다. 복수한 후에는 후회와 허망함만 남을 뿐이고.

돈 쓰는 취미를 가져라

...

삶이 팍팍하지만 그 안에서도 재미있게 살 방법도 있다. 취미를 가져라. 많을수록 좋지만도 않다. 그저 괜찮은 취미 하나만 가져도 괜찮다. 대신 돈을 쓰는 취미라야 한다. 나에게 뭔가 보상을 주는 듯한 그런 취미다.

취미로 돈을 벌 생각은 절대로 하지 말라. 그렇게 되면 재미가 떨어진다. 다른 먹고사는 수단이 있는데 왜 굳이 또 그 구렁텅이로 들어가려고 하는가. 내가 온전히 휴식할 수 있고, 누릴 수 있고, 즐길 수 있는 그런 취미라야 한다. 즉, 돈을 써서 좋은 서비스를 받아야 한다.

쩨쩨하게 굴지 말라

...

인간관계를 하다가 서운하고 섭섭할 때가 종종 있다. 뭔가 손해 보는 것 같기도 하고, 실제로 손해를 보기도 한다. 1원 하나라도 손해 보기 싫고, 조금이라도 지기 싫어지게 되면 점점 불행해질 것이다.

행복이 깃들 여유를 주어라. 좀 손해도 보고, 칼같이 딱 잘라서 네 거, 내 거, 이런 거 하지 마라. 여유가 있어야 행복도 들어오는 법이다. 넉넉한 마음으로 좀 져 주자. 그래야 행복이 와서 우리를 위로해 줄 것이다.

행복 연습

...

이해만 하지 말고 직접 생각을 해보자. 그래야 긍정적인 태도를 체화할 수 있다.

1) 회사 가는 게 지겹다.
2) 빚이 아직도 많다.
3) 희망이 없는 거 같다.

위 3개를 자신만의 긍정적인 말로 바꿔 보라.

1) ....
2) ....
3) ....

참고 답안

1) 그래도 좋게 생각하면 회사를 갈 수 있기에 돈을 버는 거 아니겠어?
2) 그래도 좋게 생각하면 조금씩이라도 빚을 갚고 있으니까 괜찮아.
3) 그래도 좋게 생각하면 희망을 찾다 보면 언젠가는 보일 거야.

완벽해지지 마라

...

완벽하게 생겨먹지도 못했으면서 완벽을 기한다는 것은 어불성설임에 틀림없다. 그래, 완벽하면 쾌감이야 있겠지만, 100% 완벽을 어찌 만들어낼 수 있겠는가. 행복은커녕 병에나 걸리기 딱 좋다.

적당한 선에서 타협을 보라. 100%보다는 98% 어디쯤? 99와 3/4 어디쯤? 그 정도가 좋다. 나머지는 신의 영역으로 운의 영역으로 남겨 두라. 그래야 마음도 편하고, 행복할 수 있다. 그 신의 영역을 여유라 생각하라.

무책임하게 살아라

...

고민거리나 걱정거리가 생기면 이렇게 생각하라. '어떻게든 되겠지, 몰라, 몰라' 이렇게 툭 털어버리고, 포기해 버려라. 아무리 걱정해야 해결되지 않는다. 그냥 지나가도록 놔 둬라. 내가 아무리 붙잡고 있어 봐야 손쓸 수 없다.

그냥 포기해라. '시간이 해결해 주겠지'라고 생각하라. 시간이 지나면 다 잘될 거야. 그냥 지켜나 보자, 라고 생각하라. 그냥 놔 주어라. 무책임한 자세가 좋다. 뭘 그리 다 책임지며 살라고 하는가. 대충 모르쇠로 살아도 된다니까.

날 위한 시간을 가져라

...

매일 나를 위한 시간을 확보하라. 1시간도 좋고 2시간이면 더 좋다. 아무리 바빠도 1시간은 낼 수 있다. 나만을 위한 시간, 나를 위로하는 시간이다. 나의 개인적 발전을 위한 시간이라도 좋고, 그저 휴식만을 취하는 시간이라도 좋다. 내가 좋으면 그만인 시간을 반드시 가져라.

내가 나를 챙겨 주지 않는데 남이 알아서 나를 챙겨 주겠는가? 엄마가 아니면 불가능하다. 하지만 엄마도 어릴 때나 엄마지 나이 들면 엄마가 일일이 다 챙겨 주지도 못한다. 결국 나는 내가 챙겨야 한다. 내 몫은 내가 챙겨라. 남이 절대로 챙겨 주지 않으니까.

나를 알아야 행복하다

...

내가 누구인지도 모른 채 살아가는 이들이 허다하다. 남들이 꿈꾸는 것이 마치 제 것인 양 살기도 하고, 왜 사는지도 모르고, 그런 생각조차 해보지 않고 그냥 살아간다. 내가 타고 다니는 차가 뭔지도 모르고 그냥 주행하는 것과 같다.

차의 성능, 사양 등을 알아야 최고 속도를 얼마를 낼 것이며, 어떻게 달려야 연비가 좋을지 알 수 있으며, 언제쯤 엔진 오일을 교환할지 등등을 알 수 있게 되어 그 차를 오래도록 탈 수 있고, 효율적으로 탈 수 있다. 하물며 인간이야 더 말해 무엇하겠는가.

부정의 생각은 물리적으로 털어버려라

...

부정의 기운이 머리를 스칠 때면 이내 세차게 흔들어 털어버려라. 그저 생각하지 말아야지 할 것이 아니라, 물리적인 행동으로 털어버리는 것이다. 고개를 숙이고 오른손으로 머리카락을 털어내면서 부정적인 생각을 털어버리는 행동도 좋다.

옛사람들이 나쁜 소리를 들으면 물로 귀를 씻었다. 부정을 쫓기 위해 소금을 뿌리고 그랬다. 물리적인 행동은 보다 명확하게 우리의 의식에 박히게 되고, 진짜 털어내 버리는 듯한 느낌을 갖게 된다. 단순히 생각만으로 떨치기보다 물리적 행동을 같이하면 효과가 더 좋다.

신을 믿어라

...

아무리 노력해도 개인적인 노력으로 행복할 수 없다고 판단되거든, 신을 믿으라. 종교에 귀의해서 신을 따르면 행복은 저절로 오게 된다. 종교의 바람직한 점이 인간을 행복하게 해 준다는 데 있다. 공통적으로 말하는 것이 사랑이기 때문이다.

종교인의 모습을 보면 늘 웃고 있고 행복한 모습이 가득하다. 모든 것을 신께 맡기고 자신에게 주어진 일을 해 나가기 때문에 근심과 걱정이 없다. 늘 감사하다는 말을 입에 달고 살며, 주변 사람을 돕는 데 기꺼이 나선다. 신의 뜻에 따르며 모든 것을 내려놓고 살기에 행복할 수 있는 것이다.

원래 과정이 행복한 거다

...

성공을 딱 했을 때는 행복하다. 하지만 그 행복이 오래가지 못한다. 그 순간부터 행복의 강도는 차츰 약해진다. 성공한 순간부터 내리막길이다.

이에 비해 성공으로 가는 과정은 어떠한가? 험난하고 지난하고 힘들다. 그런데 돌아보면 그게 행복이다. 행복을 향해 나아가는 그 과정이 나중에 돌아보면 행복했던 것을 알게 된다. 성공을 바라보며 가는 과정은 희망이라는 게 있기에 행복할 수 있다.

행복한 척하라

...

행복하지 않아도 남 보기에 행복해 보이고 싶다면 거짓으로라도 행복한 척하라. 그러면 정말로 행복해진다. 거짓 행복을 꾸미는데도 행복해질 수 있다. 거짓이라고 꼭 잘못된 것은 아니다.

근심과 걱정에 사로잡힌 모습을 남에게 보이고 싶지 않아, 아무렇지 않은 듯이 행동할 수 있어도, 행복해질 수 있다. 근심과 걱정은 행복과는 상극이므로, 그런 것에 아무렇지 않은 듯 의연한 모습을 거짓으로라도 보이게 되면, 점점 행복해질 수 있다. 이럴 때는 남의 눈을 의식하는 것도 꽤 괜찮다.

끽다끽반 하라

...

차를 마실 때는 차만 생각하고, 밥을 먹을 때는 밥만 생각할 수 있으면 행복할 수 있다. 차를 마시면서 밥을 생각하고, 밥을 먹으면서 차를 생각하니 불행해지는 것이다. 현실에, 이 순간에 충실하면 행복해진다.

'끽다끽반(喫茶喫飯)'이라는 말이 있다. 바로 차를 마실 때는 차만, 밥을 먹을 때는 밥만 먹으라는 것이다. 온갖 잡생각으로 머리를 흐트러뜨리니 어찌 행복할 수 있겠는가? 지금 이 순간에 충실하지 못하면 행복은 없다. 지금 행복하라.

행복은 지속되지 않는다

...

영원한 행복이란 없다. 행복하다가도 불행할 수 있다. 100% 행복한 상태가 쭉 이어지지 않는다. 어떨 때는 50% 행복, 어떨 때는 80% 행복한 상태로 들쑥날쑥하다. 왜냐하면 뭐든 영원하지 않기 때문이다.

세상의 이치가 그러하다. 늘 1등만 할 수 없고, 영원히 1등을 할 수도 없다. 불황이 있으면 활황이 있고, 생이 있으면 사가 있기 마련이다. 따라서 늘 100% 행복해야지라는 야물딱진 생각은 버리자. 50%만 행복해도 어디냐? 이런 자세가 좋다.

생각을 줄여라

...

행복하지 않은 이유는 우리가 너무 생각이 많아서다. 대부분의 생각은 부정적이다. 원시시대부터 그렇게 유전되어 내려왔기 때문이다. 긍정적인 생각보다는 부정적인 생각이 생존에 유리했다. 늑대와 함께 춤을 추기보다는 늑대의 위험을 생각해야 하는 부정적인 생각이 우리를 살아남게 했다.

따라서 현대인들은 생각을 멈춰야 한다. 많은 생각을 하면서 살면 안 된다. 될 수 있으면 적게 생각하고, 멍하게 있는 시간을 의도적으로 늘려야 한다. 생각이 없으면 불행도 행복도 모르게 된다. 차라리 그편이 낫다.

가진 것에 만족하라

...

더 가지려 욕심부리지 말고, 가진 것에 만족하라. 욕심은 할 수 없는 일을 탐내는 행동이다. 할 만한 일을 하고자 하는 것은 욕심이 아니다. 그건 바람직한 행동이다. 하지만 할 수 없는 일에 대해 탐내는 것은 욕심이다.

욕심을 부리게 되면 반드시 불행해진다. 왜냐면 할 수 없는 일을 하기 때문이다. 그렇게 욕심부릴 바에는 자신의 가진 것에 만족하며 사는 편이 더 현명하다. 괜한 욕심으로 시간 낭비, 정력 낭비하지 말고 가진 것에 만족하며 살라.

행복은 마음속에 있다

...

많이 가졌다고, 많이 유명해졌다고 행복하지는 않다. 진정한 행복은 마음속에 있을 뿐이다. 아무리 많이 가진 사람도 마음이 불안하면 행복하지 않을 것이고, 아무리 유명인도 마음이 편치 않으면 행복하지 않을 것이다.

아무리 없어도 마음이 부자면 행복할 것이고, 아무도 알아주지 않은 처지라도 마음이 풍요로우면 행복할 것이다. 우리는 늘 밖에서 행복을 찾지만, 행복은 늘 마음속에 숨어 있다. 그저 찾아내기만 하면 되는데, 자꾸만 밖으로 나돌려고 한다.

걱정은 접어 두라

...

우리는 평생 걱정하며 산다. 현재를 즐기지 못하고 미래를 근심한다. 왜 일까? 걱정을 하게 되면 막상 당했을 때 안도감이 생기기 때문이다. 그 런데 그건 걱정과 미래에 대비와는 다르다는 걸 알아야 한다. 미래에 해 결책을 제시하는 것은 대비고, 그저 아무런 대책 없이 한숨만 쉬는 것은 걱정이다.

따라서 우리가 해야 할 일은 걱정이 아니라 대비다. 그런데 대비를 하지 못하는 상황도 발생한다. 예측할 수 없고, 손쓸 수 없는 상태다. 이럴 때 우리는 걱정을 한다. 아무것도 할 수 없는데 걱정해 봐야 아무것도 할 수 없다. 따라서 걱정은 할 필요가 없다.

마법의 주문 1

...

긍정적인 삶을 살고자 할 때 무기 하나가 필요하다. 우리는 마법사가 되어 주문을 외우면 된다. 단순한 주문이다. '그래도 좋게 생각하면.'이다. 어떠한 상황이 닥쳐도 이 주문만 외우고 있으면 부쩍 긍정적으로 사람이 변할 수 있다.

아무리 봐도 불행한 상황임에도 마법의 주문을 외운다. 길을 가다가 넘어져서 무릎이 깨졌다. 이때 주문을 외운다. '그래도 좋게 생각하면' 다리가 부러지지는 않았잖아! 이렇게 써먹으면 된다. 간단하다.

마법의 주문 2

…

또 다른 주문이 하나 더 있다. '그럼에도 불구하고 감사합니다'다. 아무리 감사할 거리가 없더라도 감사하는 마음을 갖게 해 주는 주문이다. 모든 것에 감사할 수 있는 마음을 갖게 해 준다. 감사하는 것이야말로 행복의 지름길이다.

대입 시험에 떨어져서 재수를 하게 됐을 때도 감사할 수 있다. 사업에 실패할 때도 감사할 수 있고, 몸이 아파서 병원에 갈 때마저도 감사할 수 있다. 굳이 감사를 택하는 이유는 뭔가? 감사하다 보면 행복감이 생기기 때문이다. 감사하는 마음이야말로 행복의 원천이다.

정신적으로 풍요로워야 한다

...

우리는 자본주의 사회에서 살다 보니 물질이 만능이라는 생각을 자연스럽게 품게 된다. 그래서 부자가 되면 더 많은 물질을 가질 수 있기에 그러면 더 행복해지겠구나 착각하며 산다. 그러나 수많은 위대한 철학자들은 그렇게 말하지 않았다. 정신이 풍요로워야 행복할 수 있다고 쇼펜하우어도 말했다.

물질적 풍요의 반대가 정신적 풍요라는 말인데, 그럼 정신적 풍요란 무엇을 뜻할까? 물질적 풍요는 물질이 많은 것을 의미해서 직관적으로 알겠는데, 정신적 풍요는 도통 그 의미가 모호하다. 정신이 많다? 정신이 뭔데? 생각? 사상? 느낌? 사고?

허나 쉽게 생각하면 된다. 여기서 말하는 정신이란 것은 세상의 모든 긍정적인 단어를 떠올리면 된다. 감사, 희망, 긍정, 사랑, 믿음, 자애, 여유, 만족, 건강함, 친밀⋯ 이런 것들이 아닐까?

충분히 느껴라

...

모든 것을 긍정적으로 생각하는 게 좋긴 한데, 다 할 수만은 없는 것이 인간이다. 우리에게는 감정이란 것이 있어서 충분히 느끼면서 살아가야 하기도 하는 존재이기 때문이다. 부모의 죽음을 눈앞에 두고, 사랑하는 반려묘의 죽음을 앞에 두고 덤덤할 수는 없지 않겠는가.

슬프다면 충분히 슬퍼하라. 충분히 느껴라. 후회 없이 느껴라. 그 후 시간이 지나 정신이 좀 돌아오면 그럼에도 불구하고 긍정적으로 생각해보자는 거다. 그래도 부모님과 좋은 추억을 쌓았다, 반려묘와 행복한 시간을 가졌었다. 이렇게라도 생각해보는 거다.

매일 하나씩 연습하라

...

어떠한 상황이든 긍정적으로 받아들이기 위해서는 매일 조금씩 연습해야 한다. 비가 오는 날이면, 왜 짜증나게 비가 오는 거야? 라고 생각하지 않고, 비가 와서 좋은 점을 떠올리는 연습을 하라. 비가 오니까 파전에 막걸리를 먹어야겠어, 라고 생각하면 된다.

오늘 늦게까지 일을 해야 하니 기분이 나빠 집에 가서 얼른 쉬고 싶은데 라고 생각하기보다는 늦게까지 일을 할 수 있는 체력이 있다는 것에 감사하자. 몸이 건강하지 못하면 일하고 싶어도 하지 못하지 않은가! 라고 생각하며 살라. 그 어떠한 최악의 상황에서도 긍정을 뽑아낼 수 있다면 행복하게 살 수 있다.

늘 우리를 노리는 부정의 기운

...

행복의 기술을 완벽하게 습득했다 하더라도 그것으로 끝난 것은 아니다. 자전거 타기와는 다르다. 자전거는 일단 배워 두면 10년이 지나도 잘 탈 수 있지만 행복은 유지되지 않는다. 이건 마치 끊임없이 계속 연습해야 하는 골프와도 같다. 잘되는가 싶다가도 자세가 흐트러지기를 반복하는 것처럼 말이다.

늘 부정의 기운은 우리를 노리고 섰다. 지금 100% 행복하더라도 부정의 기운은 우리를 늘 노리고 있다. 방심하는 순간 당장에 덮여 어제 그토록 행복했건만 오늘은 왜 이리도 불행할까 싶게 만든다. 따라서 늘 경계하고 늘 조심해야 한다. 부정의 기운이 닥치기를 미리 기다리고서야 당하지 않을 수 있다.

느리게 살라

...

느린 거북처럼 살면 딱 좋다. 템포를 죽여라. 바쁘게 돌아다니지 마라. 할 수 있는 한 천천히 움직여라. 천천히 걸어 보아라. 보이지 않던 것이, 생각지도 못한 것들이 툭툭 보이고 떠오르게 될 것이다.

빠르게 걸으면 운동은 된다. 하지만 사유할 수는 없다. 느리게 걸으면 사유가 생긴다. 삶도 마찬가지다. 바쁘게 살면 열심히 사는 것 같지만 후에는 공허함이 몰려온다. 고요함은 느림에서부터 시작된다. 될 수 있으면 느리게 행동하라.

아무것도 하지 마라

...

뭔가를 해야 한다는 강박은 우리를 행복과는 멀어지게 한다. 가만히 있지 못하고 늘 분주하게 움직이는 것에서 행복을 찾지 말라. 행복은 고요하고 숨죽이고 평안한 곳으로부터 온다. 움직임은 현실을 잊게 할 뿐이지 행복한 상태가 아니다.

아무것도 하지 않고 가만히 있는 상태를 대부분의 사람은 못 견뎌한다. 뒤처지는 것 같기도 하고, 심심하고, 권태롭다고 느끼게 된다. 그렇지 않다. 아무것도 하지 않아야 나를 돌아볼 수 있고, 나와 대화할 수 있게 된다. 그 안에서 행복이 무엇인지 스스로 찾을 수 있다.

나이가 들수록 더 행복해져야 한다

...

10살이 될 때 행복을 모른다. 20살이 될 때 행복이란 무엇일까 생각해 본다. 30살이 될 때 행복에 대해 갈구하게 된다. 40이 되면 행복하게 살았던가 반추하게 된다. 50살이 되면 살 날보다 산 날이 많아지게 된다. 갑자기 초조해진다.

나이가 들수록 억울해하지 않으려면 '우리는 반드시 죽는다'는 명제를 떠올릴 필요가 있다. 어차피 죽을 인생인데, 이렇게 어둡고 차갑고 불행하게 살 필요가 있을까 자각해 봐야 한다. 남은 인생이라도 행복하게 살자는 그 다짐 하나가 행복의 시작이 된다.

반드시 긍정주의자가 되어라

...

부정적인 사람이 필시 행복해질 수는 없다. 같은 사안도 밝은 면을 보는 사람이 있고, 어두운 면을 부각시키는 사람이 있다. 이 두 가지 모두를 다 하면서 균형을 잡아야 하지만, 행복을 위한다면 긍정에 초점을 두어야 한다.

다리를 다쳐 불행하다고 생각하기보다, 이번 기회에 꿈쩍 않고 책상에 앉아 책이나 많이 보자라고 생각하는 모습이 긍정이다. 눈이 아파 책을 읽을 수 없을 때 그것에 불행하다고 생각하기보다 이번 기회에 더 많은 사색을 해보자라고 생각하는 것이 긍정이다.

행복의 감도를 쪼개라

...

여자들이 보통 남자들보다 더 행복감을 느끼면 산다고 한다. 여자들은 10의 행복을 1로 쪼개서 열 번 행복해하는데, 남자들은 10의 행복을 한 번에 행복하려고 하기 때문이다. 행복은 크기보다 빈도가 중요하다.

아무리 둔해도 행복 센서는 예민하게 청소해 둘 필요가 있다. 작은 것에도 행복을 느낄 줄 아는 사람이 더 행복한 삶을 살 수 있기 때문이다. 매사에 무덤덤하고, 바위처럼 뚝심 있게 사는 사람들보다는 작은 것에 감동하고 느낄 줄 아는 사람으로 사는 것이 더 행복하게 사는 방법이다.

행복해지는 방법

...

우리가 태어난 이유는 행복해지기 위해서다. 돈을 많이 벌고 싶은 것도 행복하기 위해서고, 공부를 잘하고 싶은 것도 행복해지기 위해서다. 성공하고 싶은 것도 다 행복하고 싶기 때문이다.

하지만 방법이 틀렸다. 행복해지는 것은 곧바로 할 수 있는 일인데 모두들 멀리 돌아간다. 돈을 많이 가지면 행복하겠지, 공부를 잘해서 출세하면 행복하겠지, 성공을 하면 행복하겠지, 라며 열심히 산다. 그리고 늙어 죽을 때쯤 잘못 살았구나 후회를 하게 된다.

건강이 행복이다

. . .

건강하게 사는 것이 행복이다. 꿈을 이루어도 건강하지 못하면 다 소용이 없어진다. 돈이 많아 부자가 되어 모든 일을 다 할 수 있어도 건강하지 못하면 사상누각에 불과하다. 일생의 사랑을 만나 행복했지만 건강을 잃게 되면 다 소용없어진다.

건강할 때 건강을 생각하지 않듯이 행복할 때 행복을 생각하지 않는다. 건강은 건강할 때부터 지켜야 한다. 행복도 마찬가지다. 행복할 때 행복을 챙겨야 행복을 지속시킬 수 있다.

행복하고 싶다는 생각

...

행복해지길 원한다는 것은 현재 행복하지 않다는 뜻이다. 돈을 원한다는 의미는 현재 돈이 없다는 뜻과도 같다. 행복한 사람은 행복이라는 단어를 잊고 산다. 그게 행복인 줄도 모르고 산다. 진정한 행복은 이런 것이다.

그렇다고 해서 행복하고 싶다는 생각이 잘못된 것은 아니다. 착한 꿈이다. 그리고 이것은 우리가 추구해야 할 인생의 방향이다. 우리가 태어난 이유는 행복해지기 위해서니까.

뒤늦은 깨달음

...

도를 구하기 위해 먼 길을 떠나는 수도자가 있다. 고난의 길을 걷고, 고통의 일을 겪으며 진정한 도가 무엇인지, 진리를 구하기 위한 여정을 떠난다. 이와 마찬가지로 우리도 행복을 찾아 헤매인다.

수도자는 먼 길을 떠나 돌고 돌아 다시 자기 자리로 돌아왔다. 그리고 자신이 있었던 곳에 도가 있었음을 뒤늦게 깨닫게 된다. 구도를 위해 속세를 떠났지만, 결국 돌아오는 곳은 속세였던 것이다. 이와 마찬가지로 우리도 행복을 찾아 돌고 돌아 현재 있는 곳이 행복했던 곳임을 뒤늦게 깨닫게 된다.

때론 비교하라

...

야비한 편법일지는 모르겠으나, 본인의 행복이 감지되지 않는다면, 이런 방법도 있다. 북한에 태어나지 않는 것에 대한 천만다행, 100년 전에 태어나지 않았다는 안도감, 나보다 형편이 못한 사람과 비교하면서 느끼는 감정을 말한다.

비교하는 마음은 어쩌면 인간의 본성이다. 본성을 억누르고 살기란 쉽지 않다. 나보다 나은 사람과 비교하는 경우가 많다. 하지만 나보다 못한 사람과 비교도 가끔 하면서 살아가도 된다. 내가 얼마나 행복한 상태인지, 나만 보고서는 잘 모르기 때문이다.

뭔가를 해야 한다는 강박

...

뭔가를 계속해야 행복해진다고 착각한다. 뭔가를 이루어야 행복해진다고도 착각한다. 착각이다. 반대로 가지고 있는 것에 집중할 때 행복할 수 있다. 가져서 행복한 것이 아니라 가진 것을 느낄 때 행복할 수 있다.

우리에게 이미 행복이 있는데 그걸 알지 못하고 멀리서 찾기만 한다. 바로 옆에 붙어 있는 행복은 보지 못하고 멀리에서 행복을 찾는다. 뭔가를 하려고 하기 때문이다. 자신이 이미 가진 것에 초점을 맞추게 되면 바로 행복할 수 있다.

과정에 행복이 있다

...

성공하면 행복할 것 같지만, 성공하는 순간부터 행복도는 점점 줄어들게 된다. 결국 또 다른 성공을 바라게 되고, 또 성공을 위해 행복을 잠시 미뤄 두고 경주하면서 쳇바퀴 돌듯 다람쥐 게임을 해야 한다.

따라서 결과는 정답이 아니다. 정답은 과정에 있다. 과정에서 행복을 느껴야 한다. 잠시 잠깐뿐인 결과보다는 지속적으로 꾸준히 살을 부대끼며 느낄 수 있는 과정에서 행복을 찾아야 한다. 유명 작가가 되는 것이 아니라 글을 쓰는 그 자체를 즐겨야 한다.

하고 싶은 일을 계속하다가는

…

하고 싶은 일만 하루 종일 하는 것은 결코 행복한 일이 아니다. 거기에 매몰되어 다른 일들을 우습게 여기고, 다른 일들은 등한시하게 된다. 그러면 편협하게 인생이 흐르게 되는데, 결코 행복할 수 없다.

좋아하는 독서를 하루 종일 하고 나면, 밥 먹는 것도, 세수하는 것도 시시하게 느껴지게 되고, 몸을 놀리는 것이 굉장히 효율이 떨어지는 행위라 생각되기 마련이다. 생각으로만 모든 것이 다 될 것만 같은 기분이 드는데 결국 망상에 불과하다. 고로 불행해지게 마련이다.

오래 사는 게 행복일까?

...

우리가 충분히 오래 살게 되면 볼 거, 못 볼 거 많이 보면서 살게 된다. 사랑하는 가족의 죽음도 목격할 수 있고, 심지어 나를 제외한 모든 사람이 죽는 것을 볼 수도 있다. 이게 과연 행복일까?

적당히 살다가 가는 게 행복이다. 괜히 오래 살아서 힘든 경제 여건에 놓일 수도 있게 되고, 뒤치닥거리할 가족이라도 생기면 과연 그게 행복일까 싶다. 한 번 왔다가는 인생에 너무 집착하지 않는 게 행복이다.

즐겁게 일하라

...

사랑하는 가족과 지내는 시간보다 어찌 보면 직장 동료와 지내는 시간이 더 길다. 직장은 제2의 집이라고도 불리는 이유다. 일을 하는 시간이 상당히 많은데 그 일이라는 것이 즐거우면 행복도 자연스럽게 따라오게 된다. 따라서 일을 구하려거든 즐거운 일, 재미있는 일을 구하는 게 좋다.

하지만 경험이 일천하여 어떤 것이 즐거운지 모르는 경우가 태반이다. 하여 적당히 할 만한 일이라고 생각이 된다면 즐겁게 일할 수 있는 조건이 된다고 보면 된다. 내 적성에 딱 맞는 일은 없을뿐더러 찾을 수도 없다. 즐겁게 일을 하다 보면 돈을 떠나서 그게 행복으로 접할 수 있게 된다.

놀아야 행복해진다

...

놀자. 놀아라. 놀아야 행복해진다. 일하면서 행복하다는 말은 어쩌면 핑계일지도 모른다. 그저 놀아야 행복과 가까워진다. 놀지 않고 일만 하는 자는 결국 불행해진다. 따라서 일하는 것이 행복이라는 말은 순전히 거짓말이다.

놀다가 지칠 정도로 놀아야 행복해진다. 놀지 못하면 행복은 없다고 봐야 한다. 노는 중에 행복이 찾아온다. 놀지 못하는 자는 행복할 수 없다. 행복을 위해서는 열심히 놀아야 한다.

행복이라는 관념

행복이라는 관념에 사로잡히게 되면 정작 불행해진다.

행복한 순간에는 행복이라는 관념이 존재하지 않는다.

나중에 시간이 흘러 그것이 행복이라고 생각하게 된다.

진정한 행복에는 행복이라는 관념은 생길 수 없다.

관념에 빠지게 되면 결코 행복해질 수 없다.

행복하고 싶다고 행복을 외친다 해도 행복해질 수 없다.

행복은 추구한다고 찾을 수 없다.

노력한다고 볼 수도 없다.

그저 주어지는 것이다.

그런데 행복이 온 순간에는 행복이라고 생각하지 못한다.

나중에 그게 행복이었다고 생각할 수 있을 뿐이다.

떠나 보아라

...

현실이 고통스럽고, 저곳에 가면 행복이 있을 것만 같을 때, 용기를 내어 떠나 보아라. 그저 앉아서 계속되는 갈등 속에서 갈팡질팡하지 말고, 마음이 정하는 대로 떠나 보는 것이다. 내가 생각하는 그곳에 가면 정말 행복할까? 경험해 보자.

가 보면 다 알게 되어 있다. 현재 있는 곳이 더 행복했다는 것을. 현재 속에서 더 행복할 수 있었음을 뒤늦게 깨닫게 된다. 그런데 이러한 사실은 결국 떠나 봐야 나중에 알게 된다. 그래서 주저하지 말고 행복이 있을 것만 같은 곳으로 떠나 보라는 거다. 가 보면 알게 된다. 다시 돌아오고 싶음을….

완벽함을 버려라

...

완벽하게 일을 하지 말고, 완벽한 사람이 되려고 하지도 말라. 세상은 이론적으로 완벽해도 실제로 완벽하게 돌아가는 것은 없다. 죄다 뭔가 부족하고, 뭔가 빈틈이 있다. 그러기에 우리가 할 일이 있는 것이고, 우리가 살아가는 것이다.

완벽한 몸 상태로 경기에 뛰는 선수는 없다. 어딘가 아프고, 어딘가 힘들지만 다 참고 경기에 뛰는 것이다. 어디 하나 안 아픈 곳이 없다. 그럼에도 그들은 최선을 다한다. 주어진 상황에서 노력을 다한다. 본인이 완벽하지 않음을 잘 알고 있으면서 그 안에서 최선을 다한다.

고통을 즐겨라

...

그렇게 추운 겨울도 아닌데도 얇은 옷을 입은 채로 음식물 쓰레기를 버리러 나가 보자. 소름이 돋으며 춥다. 고통스럽다. 고통이다. 안락한 집에 있을 때는 몰랐는데 나와 보니 집에 있을 때가 행복한 것이라고 깨닫게 된다.

극한의 고통을 겪은 사람은 일반적인 고통에 대해 무덤덤하다. 극한을 맛봤기에 의연해진 거다. 그렇다면 젊어서 고생은 사서도 한다는 말은 이러한 상황에 우리를 몰아넣고 직접 경험해 보라는 금언일 수도 있다. 더 큰 고통을 겪으면 그만큼 성장하게 된다. 버리는 고통이 없다. 고통을 즐겨라. 나중에 보약이 되어 줄 것이니.

상황은 그대로 두면 된다

...

내가 원하는 방향으로 가는 것이 행복이라고 생각하면 오산이다. 행복은 주어지는 것이지, 찾아 떠나는 것이 아니다. 내가 원하는 대로 이루어지지 않는다고 전혀 불행할 필요도 없다. 원하든, 원하는 대로 되지 않든 그저 상황일 뿐이다.

상황이 그렇다면 그저 상황에 순응해야 한다. 굳이 여기에 행복과 불행의 개념을 적용하지 말아야 한다. 그저 상황일 뿐이다. 행복과 불행은 내 마음으로부터 나오는 것이기 때문에 마음에서 행복과 불행을 결정지으면 되지, 상황으로 판단해서는 안 될 일이다.

떠나도 행복을 찾을 수 없다

...

현실에 불만이 쌓일 때 우리는 불행하다고 생각한다. 이런 현실을 타파하기 위해 이사를 가기도 하고, 몸을 움직이기도 하고, 여행을 떠나기도 한다. 마치 다른 곳에 가면 행복이 있을 것만 같은 착각을 한다. 저기 너머엔 마냥 행복만 있을 것 같다.

허나 가면 똑같다. 어디를 가도 다 똑같다. 행복은 멀리 있지 않다. 지금 여기에 있다. 그걸 찾아 행복해하면 된다. 아무리 멀리 가도 행복을 찾을 수 없다. 바로 여기에 있는데 우리는 자꾸 멀리만 본다.

행복하지 않아도 된다

...

행복을 너무 추구하지 말라. 그저 행복을 희망하라. 희망하되 매몰되지 말라. 그저 가볍게 요청하는 정도가 딱이다. 행복하지 않아도 된다. 불행하지만 않아도 행복한 것임을 깨달아라.

행복의 눈높이를 너무 높게 잡지 말라. 나에게 불행이 어느 누군가에게는 행복일 수 있다. 행복을 구하되 행복에 매달리지 말라. 매달리는 순간 행복으로부터 자유롭지 못하게 된다. 행복이 오면 좋고, 안 오면 더 좋고, 라는 마음으로 살면 된다.

행복을 추구하지 말라

...

삶을 행복과 불행으로 나누지 말라. 삶은 다양하다. 행복할 때도 있고, 불행할 때도 있지만, 그 중간일 경우도 많다. 행복하지도 불행하지도 않은 상태다. 행복하기 위해 애쓰지 말라. 애쓰면 반드시 불행해진다. 그저 주어진 대로 살아가면 된다.

꼭 행복하게 살아야 한다는 강박으로 살지 말라. 그 중간쯤 살아도 된다. 행복이 오면 반드시 불행이 닥치니, 행복하다고 행복해할 필요 없고, 불행하다고 불행할 필요 없다. 그저 주어진 대로 살아가면 된다.

단출해야 행복하다

...

많이 가지면 가질수록 생각과 번뇌가 휘감겨온다. 가질수록 생각할 거리도 많고, 생각을 하면 보통 부정적인 생각을 하게 되니 이 또한 즐겁지 아니하다. 많이 가질수록 불행할 확률이 더 높아진다.

삶은 단출해야 한다. 단순해야 한다. 번잡한 것을 주변에 두지 말고, 단순하고 깔끔한 인생을 살아야 한다. 주변이 단출하니 생각할 거리가 없다. 정신이 맑고 가뿐하다. 가지지 않으니 누구에게 잘 보일 필요도 없고, 마음이 편하다. 누구에게 싫은 소리 할 필요도 없고, 아쉬운 소리 할 필요도 없다.

행복할 권리

...

우리가 행복해야 하는 이유는 헌법에도 나와 있다. 헌법 제10조에 규정되어 있다. 소극적으로는 고통과 불쾌감이 없는 상태를 추구할 권리이며, 적극적으로는 안락하고 만족스러운 삶을 추구하는 권리를 말한다.

헌법 제10조
모든 국민은 인간으로서의 존엄과 가치를 가지며, 행복을 추구할 권리를 가진다. 국가는 개인이 가지는 불가침의 기본적 인권을 확인하고 이를 보장할 의무를 진다.

행복을 추구하라. 우리의 권리니까.

남을 행복하게 해 주어라

...

나의 행복을 위하지만 말고 사심 없이 남의 행복도 빌어주어라. 받을 생각을 하지 말고, 본전 생각하지 말고, 그냥 주는 거다. 남이 행복해하는 모습을 보면 덩달아 나 또한 행복해진다. 이것이 주는 기쁨이다. 불교에서는 무주상보시, 기독교에서는 사랑이다.

거래를 하라는 얘기가 아니다. 나중에 더 크게 받기 위해 지금 주라는 잔머리 굴리기가 아니다. 그냥 주는 거다. 이 행위로 상대방이 기뻐할 모습에 행복하고, 이 행위로 상대방에게 도움이 될 때 나 또한 진정한 행복에 휩싸이게 된다.

생각을 멈춰라

...

생각이 많아지면 필시 불행해진다. 생각을 줄여야 하는 이유다. 우리가 하는 생각의 대부분은 부정적이다. 왜냐면 그렇게 진화되었기 때문이다. 달콤한 과일을 먹는 일보다 짐승에게 공격당하는 일이 인생에 지대한 영향을 주기 때문이다. 생존하려면 부정적인 생각이 절대적일 수밖에 없었다.

그래서 우리는 조상들이 해왔던 대로 생각을 하는데, 그게 거의 부정적이다. 그래서 힘들다. 조상들처럼 안 살아도 되는데 생각이란 놈 때문에 힘들어진다. 그럼 생각을 안 하면 될 것 아닌가? 멍 때려라. 그러다 생각이 모락모락 피어오르면 얼른 알아채고 다시 멍을 때려라. 그게 행복의 길이다.

때론 숙명론자가 돼라

...

어쩔 수 없는 환경에 놓이게 되면, 인생을 한탄하지 말고, 투덜거리지 말고, 그냥 놓아 버려라. 운명론자가 되어 버리는 거다. 이런 상황에 놓인 것에 대해 누구를 탓하거나 자책할 필요 없이 그저 운명에 맡겨버리는 것이다.

상황과 환경을 탓한다고 바뀔 리가 없다. 스스로 바뀌지 않으면 상황은 더욱 악화될 뿐이다. 먼저 나를 바꿔라. 차라리 운명으로 치부해 버려라. 주어진 삶을 인정하고 그 속에서 내가 할 것을 찾아라. 운명을 인정하되 그 안에서 희망을 잡고 아주 작은 것부터 시작하라.

선택과 행복

...

탈북민이 한국에서 와서 가장 힘들어 하는 것이 있다. 바로 '선택'이다. 북한에서는 당의 말만 잘 들으면 되었다. 하지만 한국에 오고 보니 죄다 선택의 문제였다. 선택하는 데 익숙치 않았기에 선택하는 게 더 힘들었다. 선택은 오로지 본인의 책임으로 전가되기에 더 힘들었다. 북한에서는 당이 시키는 대로만 하면 되었는데, 자유란 것이 선택이라는 것과 함께서 탈북민은 행복하지 않았다.

자유로워야 행복할 것 같지만, 오히려 자유롭지 못할 때가 더 행복할 수 있다는 사실을 알게 된다. 태어난 곳에 적응되어 그럴 수도 있겠지만, 자유란 것에는 책임이 뒤따르기에 쉬운 것만은 아니다. 우리는 태어나서 죽을 때까지 선택을 해야만 한다. 그리고 책임도 같이 따른다. 선택이라는 것이 없다면 행복할 수도 있다. 선택해서 행복할 수도 있고.

위로의 시간을 가져라

...

나를 위로해 주는 시간을 5분이 됐든, 1분이 됐든 마련하라. 그냥 하루를 버리지 말라. 단 1분도 좋다. 나에게 위로가 되는 시간을 주어라. 인생을 포기하고 살지 말라. 단 1분이라도 좋으니 나를 위한 시간을 가져라. 기도하는 시간도 좋고, 독서하는 시간도 좋고, 뜨끈한 물로 씻는 시간을 주어도 좋다.

나를 위로하는 시간이 조금씩 쌓이게 되면 변화가 시작된다. 아무것도 변하지 않을 것만 같던 인생이 임계치를 넘어서면 확 변하기 시작한다. 이런 걸 희망이라 부른다. 아주 미약한 확률이라도 포기하지 말고, 나를 위로하는 시간을 가지며 기다려라.

계속 감사하라

...

인생은 크게 변하지 않는다. 아무리 노력해도 안 변한다. 학창 시절 공부로 인생은 거의 정해진다. 엄청난 노력과 행운이 겹쳐야 변할까 말까다.

그러니 포기하고 그냥 되는 대로 살아야 할까? 그렇지는 않다. 다만 삶의 자세를 바꾸면 인생은 변하기 시작한다. 대장장이로 사는 사람이 생각을 고쳐먹자 인생이 변하기 시작했다. 물론 그는 죽을 때까지 대장장이였지만, 생각을 고쳐먹자 다른 인생이 펼쳐졌다.

어떤 생각일까? 매일 작은 것에 감사하는 태도를 갖기로 했다. 아침에 일어나는 것에 감사했다. 아침밥을 먹을 수 있음에 감사했다. 아이들이 학교에 가려는 모습에 감사했다. 대장간으로 출근할 수 있음에 감사했다. 일을 할 수 있음에 감사했다. 무사히 일을 마침에 감사했다. 퇴근하고 집에 옴에 감사했다. 따뜻한 저녁을 먹을 수 있음에 감사했다. 잠자리에 드는 것에 감사했다.

틀에 갇히지 마라

...

사회 규범, 정해진 규칙, 법 같은 것은 어쩌면 잘못된 프레임일 수 있다. 규칙과 법이 모두 맞다고는 할 수 없다. 다 인간이 정한(어쩌면 굉장히 사악한 어떤 놈이) 것이기에 불완전하다. 그걸 절대시할 필요가 없다.

동성애자에 대한 사회적 편견과 법들은 얼마나 우릴 부자연스러운 것으로 치부하는가. 사실 동물 세계에서 동성애는 흔하다. 우리 인간도 동물인데 그걸 터부시하고 죄악시하는 것은 무슨 이유 때문인가. 다 틀 때문이다.

틀에 갇히게 되면 부자연스럽고 부자유스럽게 된다. 시간적으로 과거에는 안 되던 것이 지금은 되는 경우가 허다하고, 공간적으로 여기서는 안되는 것들이 저기서는 된다. 그럼 절대 진리는 무엇인지에 대한 궁금증이 생기게 된다.

인간은 같이 사는 동물이기에 틀이 중요한 기준이 될 수는 있겠지만, 절대시하지는 말라. 어떨 때는 뒤틀어 보기도 하고, 뒤집어 보기도 해야한다. 틀 안에 갇혀서 생각하게 되면 생각의 한계를 정하는 꼴이 되며, 행복과는 멀어지게 된다.

부자를 꿈꾸지 마라

...

자본주의 체제 안에서 살다 보니 돈이 전부인 줄 알고 착각한다. 돈을 많이 가지면 행복할 거라는 착각 말이다. 그럼 묻자. 세계 1위 부자는 세계 1위의 행복한 사람인가? 삼성전자 회장은 한국에서 가장 행복한 사람인가?

아니다. 돈과 행복은 결코 비례하지 않다. 이 사실을 뻔히 알면서도 돈에 혈안이 되어서 돈을 많이 벌면 행복해질 수 있을 거라고 착각하는 사람은 바보다. 그럼에도 불구하고 또 돈, 돈, 돈 하면서 눈에 불을 켠다. 알려 줘도 모르는 사람이 되진 말라.

주변을 돌아보라. 가장 행복할 것 같은 사람을 한 명 콕 집어보라. 그는 왜 행복해 보일까? 뭐 때문에 행복할까? 왜 그는 늘 웃을까? 뭐가 그리도 그를 행복하게 만들까? 관찰하고 물어보라. 거기에 답이 있다. 그것을 본받아라. 그것을 알려고 혈안이 되어라. 그게 답이다.

진지하지 마라

...

인생은 소풍 나온 듯 사는 게 좋다. 지구라는 매트릭스에 인간이라는 캐릭터를 선택해서 우리는 접속해 있는 상태다. 놀러 온 거다. 행복하게 한 판 게임 하려고 접속한 거다. 그런데 자살을 한다든가, 늘 심각하게 고뇌하면서 산다고?

배수의 진도 치지 말라. 그것이 아니라도 다른 길은 널려있고, 덤으로 다른 경험도 해볼 수 있다. 뭔가를 이룩하기 위해 인생을 살지도 말라. 그저 야외 피크닉 나온 정도로만 살다 가도 잘 산 인생이다. 그저 즐겨라.

호흡에 집중하라

...

들숨과 날숨, 숨이 들어올 때 숨을 내쉴 때, 그 순간을 자각하라. 호흡에 집중하는 동안 잡생각이 떠오르면 그것을 인지하고 곧바로 흘려버려라. 그 후 다시 호흡에 집중하라. 마음이 평온해질 때까지 호흡에 집중하라. 잠이 오면 잠을 자라. 눈을 감아도 되고, 살짝 반만 감아도 되고, 떠도 된다. 다만 숨에 집중하라. 깊고 고요한 상태가 되면 자연스레 행복해지리라.

가장 행복한 사람이 되기로 결단하라

...

세상에서 가장 부자가 되기는 힘들다. 세상에서 가장 노래 잘 부르는 가수가 되기도 힘들다. 세상에서 가장 공을 잘 차는 축구선수가 되기도 힘들다. 세상에서 가장 공부를 잘하는 사람이 되기도 힘들다. 세상에서 가장 건강한 사람이 되기도 힘들다. 세상에서 가장 여행을 많이 다닌 사람이 되기도 힘들다. 하지만 세상에서 가장 행복한 사람은 되기 쉽다.

꽤 괜찮은 것은 '즉각적'으로 될 수 있다는 점이다. 마음만 딱 먹으면 바로 지금 세상에서 가장 행복한 사람이 될 수 있다. 목표를 잡아라. 세상에서 가장 행복한 사람이 되겠다고. 아무리 돈 많은 사람도 부럽지 않고, 아무리 유능한 사람도 부럽지 않고. 아무리 뛰어난 사람도 부럽지 않다. 지금 이 순간 그 누구보다 행복한 사람이 된 것에 대한 희열을 느껴라. 아, 행복하다. 나는 행복하다. 행복의 기운에 둘러싸여 있는 나는 너무나도 행복하다, 라고 외쳐라.

행복을 기록하라

...

써 놔야 나중에 꺼내 볼 수도 있고, 기억할 수도 있고, 음미할 수도 있다. 또한 습관으로 만들 수도 있다. 행복했던 일을 하루에 다섯 개만 적어 놓자. 매일 잠을 청하기 전에 루틴으로 만들어 놓는다. 순간순간 행복감을 느끼는 것도 중요하지만, 그 기억을 오래 가져가려면 적어 놓는 것은 필수다. 우리의 머리를 얄팍해서 오래 간직하지 못한다. 구멍난 모래시계처럼 행복의 파편들이 숭숭 빠져나간다. 그걸 잡아야 한다. 적자. 매일 다섯 개만.

낮에 느꼈던 행복감을 밤에 적으면서 다시 음미할 수 있다. 같은 사실을 한 번이 아닌 두 번 느낄 수 있다. 적어 놓았으니 나중에 다시 찾아보면 세 번 느낄 수 있다. 불행감이 몰려올 때 행복 일기를 꺼내 읽게 되면 우리는 또 그냥 버텨낼 수 있게 되는 것이다.

순간순간 행복을 느껴라

...

일요일 오후 낮잠을 자고 일어났을 때의 나른함이, 아무것도 하지 않은 듯한 공허함이, 실은 내게 행복이었음을 알아차려야만 행복할 권리가 생기는 것이다. 순간의 행복을 느끼지 못한다면 그 어떤 행복이 와도 알아보지 못할 것이기 때문이다.

행복해져서 행복한 것이 아니라 행복하려고 하기 때문에 행복한 것이다. 자신의 몸에서 행복의 오라가 나오는 것처럼, 행복의 오라가 나를 늘 감싸안은 느낌으로 행복을 늘 느끼며 찬양하여라.

불행해질 생각조차 하지 말라

...

결단의 힘이 있다. 결단을 내리는 순간부터 프레임이 형성된다. 프레임 안에서 일들이 벌어지며, 프레임 밖은 내 소관이 아니게 된다. '나는 오늘부터 불행해질 생각조차 하지 않겠다'라고 결단을 내려보라.

불행에 관한 모든 단어, 행위, 감정, 기분 등을 모두 버린다. 생각조차 하지 않는 것이다. 범접할 수 없게 만드는 것이다. 불행이라는 것은 내 사전에 없는 것처럼 사는 것이다. 존재 자체를 없애는 것이다.

목표와 행복도

...

목표를 가지면 행복도가 올라가지만, 그 목표 때문에 행복하지 않을 수도 있다. 목표에 대한 절실함이 강할수록 현재 상황에 대한 불만족도는 증가한다. 행복과는 거리가 멀어지게 되는 셈이다.

자기에게 맞지 않는 목표를 세워 불행해지지 말라. 자기에게 맞는 목표라야 그 과정도 즐겁고 행복할 수 있는 것이다. 뭔가를 이뤄냈을 때 허탈감이 온다면 어쩌면 그 목표는 그대의 것이 아니었을지도 모른다.

되는 쪽으로 생각하라

...

일을 하면서 안 된다, 안 된다, 안 된다라고 자꾸 안 되는 쪽으로만 생각하고 핑계를 대면 결국 안 된다.

하지만 어떻게든 되는 쪽으로 찾아보고, 강구하고, 노력하면 결국 해낸다.

행복도 마찬가지다. 갖은 핑계와 상황을 대면서 행복할 수 없어, 없어, 없어라고 생각하면 결국 행복할 수 없다.

하지만 어떻게든 행복을 찾다 보면 결국 행복해진다.

고통이 없는 게 행복이다

...

우리가 흔히 착각하는 것이 행복을 큰 기쁨, 환희, 카타르시스, 오르가슴 정도 느껴야 하는 줄로 안다는 것이다. 그렇지 않다. 고통이 없는 평온한 상태도 행복이다. 행복을 너무 과대평가하지 말라.

행복하기는 무엇보다 쉽다

...

행복한 것은 바로 이룰 수 있다. 다른 모든 것은 시간이 걸린다. 박사가 되려면 수십 년의 시간이 필요하다. 축구선수가 되려고 해도 수십 년이 필요하다. 부자가 되려고 해도 많은 시간이 필요하다. 어디 시간만 필요한가? 노력도 필요하다.

그런데 행복해지는 것은 시간과 노력이 필요 없다. 곧장 해낼 수 있다. 어떻게 생각하느냐에 달렸다. 생각을 조금만 틀어서 제어하면 된다. 가진 것에 대한 감사, 앞으로 받을 것에 대한 감사, 내 주위에 숨어 있는 행복 찾기 등등 너무도 쉽고 즉각적이다.

세상에서 1등 기타리스트가 되는 게 꿈이고, 세상에서 1등 부자가 되는 게 꿈이고, 세상에서 1등 유명한 사람이 되는 게 꿈이라면, 과정도 길고 힘도 들고 도중에 좌절도 분명히 할 거다. 하지만, 1등 행복한 자로 마음먹는다면, 곧장 1등으로 행복한 사람이 될 수 있다.

가족이 행복이다

...

가족과 행복하게 살려고, 멍청하게 가족과 지낼 시간을 포기하고 돈만 벌려고 허둥대지는 말라. 그냥 지금 가족 옆에 있어라. 그리고 그냥 지금 행복하라. 가족과 멋진 곳을 가거나 맛있는 음식을 먹기 위해 돈 버는 것에 투신하지 말라. 멋진 곳을 가지 않아도, 맛있는 음식을 먹지 않아도 지금 가족 옆에 머무르는 것보다 더 행복한 것은 없다.

아무리 멋진 자동차를 타고, 아무리 출세하고, 아무리 성공을 해도 옆에 가족이 없으면 행복하지 않다. 우리는 서로 부대끼고 껴안고 살아야 행복을 느끼는 종족이다. 400만 년 전 오스트랄로피테쿠스로부터 이어져 온 관습이요, 전통이요, 유전자다. 이것을 거스르게 되면 행복할 수 없다.

관계는 듣기로 푼다

...

사람은 한자로 인간(人間)이다. 사람 사이라는 뜻이다. 즉 사람은 서로 부대끼고 살아야 할 운명을 가졌다. 그렇기에 지금까지 종족을 유지하고 번영시키며 살 게 된 것이다.

이로 인해 대인관계에 문제가 늘 발생하게 된다. 사람으로 인해 우리는 행복하지만 또 불행을 안고 살게 된다. 인간관계만 잘해도 웬만한 고통을 줄일 수 있다. 그 특효약이 있으니.

그것은 '듣기'다. 듣기만 잘해도 8할은 해결된다. 듣기만 잘해도 관계에서 원하는 바를 취할 수 있다. 듣는 행위는 수동적인 것이 아니라 매우 능동적인 행위이기 때문이다.

관계에 있어서 불행하다면 잘 못 듣고 있다는 뜻이다. 누군가와 빽빽하거나 늘 삐그덕 거린다면 그 사람의 말을 들어주어라. 듣다 보면 해결책이 뽕 하고 나오게 될 것이고, 말하는 사람은 말하는 동안에 불만이 다 풀리게 되어 있으니깐.

행복과 불행은 사실 하나다

...

행복과 불행이 나뉘어 있다고 생각하지만 사실은 하나다. '물이 반이나 있네'라고 생각하고, '불이 반밖에 없네'라고 생각할 뿐이지, 사실은 물컵에 물이 1/2 존재한다는 사실은 하나다.

결국 어떻게 생각하느냐에 따라 행복과 불행을 선택하게 된다. 그렇다! 우리는 행복과 불행을 선택할 수 있는 신비한 힘을 가졌다. 어떤 이는 이 힘을 잘 써서 늘 행복하고, 어떤 이는 잘 못 써서 늘 불행하다.

생각을 할 수 있으니, 생각을 제어할 수도 있다. 생각을 제어함으로써 우리는 행복을 담아낼 수 있다. 이 사실을 알았다면 생각을 제어하여 행복을 주어 담아라.

이 또한 지나가리라

...

힘듦을 대하는 가장 좋은 방법은 '이 또한 지나가리라'의 시전이다. 고통을 바라봐 주고 객관화시키고, 제3자화시켜버리는 전략이다. 내 일이 아닌 거다. 남의 일처럼 그저 지나가기만, 기다릴 뿐이다.

시간을 이길 것은 아무것도 없다. 우리의 목숨도 시간에게 결국 지게 된다. 우리의 성공도 시간에게 지게 된다. 고통도 번뇌도 실패도 시간이 다 이겨버린다. 따라서 우리는 시간 편에 서야 쉽게 살 수 있다.

미래에서 지금을 바라보라

...

현실이 고통스럽다고 해도 늙어서 지금을 본다면 아름다웠다고 말하리라. 젊어서 고생은 사서도 한다는 말도 있듯이, 지금이 너무 힘들다고 느끼겠지만, 시간이 흘러 보면 고통스러웠던 순간이 가장 아름다웠던 순간임을 알게 될 것이다.

늙으면 초라해진다. 80대 후반이 되면 자력으로 할 수 있는 일들이 줄어든다. 혼자 일어서기도 힘들어지고, 어디 안 아픈 곳이 없을 정도로 몸은 망가져 있다. 그때 우리는 이렇게 생각하게 될 것이다. 한 10년만 젊었으면 좋겠다.

지금 힘들어도 사지육신 멀쩡하다면 힘든 게 아니다. 미래에서 지금을 돌아본다면 가장 활발하고 삶을 열심히 살아가는 아름다운 모습으로 보일 것이다. 삶이란 시간이 지나면 또 다른 희망이 찾아오게 된다. 나중에 늙어 추억할 때 힘들었던 시기를 먼저 떠올리는 이유를 생각해 보자.

다른 문이 열릴 것이다

...

결과에 집착하지 말라. 결과는 내가 이뤄내는 것이 아니라 하늘의 뜻이다. 내가 할 수 있는 일은 최선을 다할 뿐이다. 최선을 다하고 하늘의 명을 기다린다. 그게 우리의 바람직한 삶의 자세다.

열심히 최선을 다하고도 실패할 수 있다. 이 실패에 대해서는 그저 스쳐 지나가는 인연처럼 대하는 것이 좋다. 다만, 내가 정말 최선을 다했는가에 대한 물음에는 확실히 대답할 수 있어야 한다. 그래야 후회가 없다.

최선을 다했는데도 실패한다면 미련은 없다. 미련이 없으면 금방 훌훌 털어버릴 수 있다. 하지만 최선의 노력을 다하지 않게 되면 두고두고 자책의 눈물 속에 갇히게 된다. 즉 계속 불행해진다. 따라서 행복하고 싶다면 최선을 다하라.

미래의 일을 오늘로 당겨오지 마라

...

우리는 너무도 많은 걱정을 하며 산다. 걱정해서 걱정이 없어지면 걱정할 필요도 없을 것이다. 1년 전에 했던 걱정을 기억하는가? 아마도 거의 기억하지 못할 것이다. 걱정의 99%는 쓸데없다는 의미가 된다.

걱정은 행복을 좀 먹는 벌레다. 해서는 안 될 것이 걱정이다. 행복하지 않고 싶다면 걱정하라. 걱정하면서 행복하길 바라지 마라. 행복하고 싶다면 걱정하지 마라. 걱정이 자꾸 떠오르면 걱정을 잊어라.

말처럼 어디 쉽냐고 반문하겠지만, 반대로 물어보자. 걱정을 잊으려고 노력해 본 적은 있는가 말이다. 걱정을 잊으려고 각오를 다지면 잊을 수 있다. 해보지 않고, 마냥 당하고만 있기 때문에 못 하는 것이다. 적극적으로 걱정을 털어버리려고 각고의 노력을 한다면 다 할 수 있다.

걱정해서 해결된다면 걱정해라. 그런데 걱정해서 해결되지 않는다면 걱정할 필요가 없다. 우리 집 얌전한 강아지처럼 내일이 어떻게 될지, 주인이 오늘 사료를 줄지 말지 걱정하지 않는 것처럼 우리도 그렇게 살면 된다.

결국 죽으니까 행복하여라

...

태어나면 다 죽는다. 진리다. 누구나 이 진리를 벗어날 수 없다. 돈을 많이 가졌든 엄청나게 출세를 했든 나라를 만들었든 천재든 바보든 결국 다 죽는다. 그래서 행복하게 살아야 한다.

어차피 죽을 거 뭘 행복하게 살아? 라고 생각하면 손해다. 어차피 죽을 거니까 살아 있는 동안에만이라도 행복하면 안 되나? 라고 생각하는 게 더 낫다. 어차피 죽을 거 뭘 행복하게 살아? 라고 생각하는 쪽이라면 지금 죽자. 어차피 죽을 건데 더 살아 뭐 하겠는가? 죽을 거니까 살아 있는 동안만이라도 좀 행복하자.

피할 수 없다면 즐겨라

...

군대에서 유명한 말이 있다. '피할 수 없다면 즐겨라' 이 문구를 군모에 오바로크해서 다니는 전우들이 많았다. '이왕 군역을 피할 수 없으니까 군대 생활을 즐겨버리자'라는 뜻이다.

이를 행복에도 쓸 수 있다. 모든 것이 행복이 아니다. 불행도 있고, 행복도 있다. 그런데 이것은 다 우리의 마음이 만들어낸 허상이다. 우리가 어떻게 생각하느냐에 따라 행복이 불행이 될 수도 있고, 불행이 행복이 될 수도 있다. 따라서 먼저 우리의 생각을 고쳐먹어야 한다. 근데 그게 쉽지는 않다.

그렇다면 '피할 수 없다면 즐겨라'라는 문구를 행복에 어떻게 적용할까? 불행을 피할 수 없다면 즐겨버리자는 거다. 생각하기에 따라 불행이 아닐 수도 있는데, 한 발 양보해서 불행하다고 생각한다 치자. 그래, 아무리 생각해도 행복한 기분이 들지 않는 일이라면, 그 고통을 즐겨버리자는 거다. '너 고통이냐? 그래 내가 널 즐겨줄게.'

고통을 그대로 받아들이자. 충분히 느끼고 즐기자. 고통과 친구가 되자. 내가 도망친다고 벗어날 수 없다면 그냥 친구로 만들어버리자. 오히려 고통을 사랑하자. 온전히 받아들여 바닥을 치면, 안에서도 행복을 찾을 수 있게 된다. 전쟁이 났다고 인류가 모두 죽은 것은 아니었다. 그 안에서 학교도 가고, 아이도 낳고 다 했다.

모든 걸 긍정적으로 생각하는
습관을 가져라

...

모든 걸 긍정적으로 생각하는 습관을 가지면 보다 편하게 행복해질 수 있다. 여기서 중요한 것은 '모든'이다. 그 어떤 것도 긍정적으로 생각하는 자세다. 보기에 따라서 불행인 것 같지만, 그러함에도 긍정적으로 생각하는 '습관'이다. 방점을 두 곳에 두었다. '모든'과 '습관'이다.

누구나 좋아할 만한 것에 행복을 느끼는 방식이 아니다. 누가 봐도 불행할 것 같은 것에조차도 긍정적인 생각을 하는 습관이다. 이율이 올라 내야 할 이자가 올라도 긍정적으로 생각하기. 회사에 잘려 내일부터 출근할 곳이 없어도 긍정적으로 생각하기. 교통사고를 당해도 긍정적으로 생각하기.

이런 불행한 것들에서조차도 행복을 찾기 시작하면 무한의 행복 궤도에 올라가게 된다. 두려울 것도 없고, 걱정할 것도 없어진다. 그저 한 현상으로 보면서 보내버린다. 이런 일을 꾸준히 하게 되면 '습관'이 된다. 습관이 되면 자동으로 행복 궤도에 올라서게 된다.

세상일이 불행할 것 같지만 돌아보면 그게 전화위복이 되어 돌아오는 경우가 다반사다. 이쪽 문이 막히면 그냥 죽을 것 같지만, 다른 더 좋은 문이 열린다. 배수의 진을 치지 마라. 불행 곱하기 불행은 행복이 될 수 있다. 수학적으로 -1 곱하기 -1 = $+1$이 되는 것처럼.

좀 모자라야 행복을 안다

...

너무 풍족하면 행복한 줄 모른다. 공기가 너무도 풍부해서 공기의 소중함을 모르고 살다가 잠시 숨을 참으면 공기의 소중함을 알게 된다. 너무도 흔해서 소중함을 간과하기에 행복한 줄 모른다. 오늘의 소중함은 어제 죽어간 사람만 알 뿐이다.

너무 돈이 많아도 행복한 줄 모른다. 돈이 정말 없어서 일주일을 라면 한 개로 살아 봐야 돈이 많아서 행복한 줄 안다. 정작 돈이 흔할 때는 몰랐던 것을 당해야 깨닫게 되는 것이다. 지금 자신에게 가장 흔하게 있는 것이 무엇인지 찾아보고 행복감을 확인하라.

경제적 자유를 누리고, 시간적 자유를 누리면 과연 행복할까? 며칠, 몇 달은 행복할지도 모르겠지만, 시간이 흐르면 그것이 당연한 건 줄 알고 권태라는 녀석이 당도하면서 행복감과는 멀어질 것이다.

행복한 일을 많이 해라

...

나를 기쁘게 해 주는 일들이 있다. 축구를 좋아하는 사람, 농구를 좋아하는 사람, 기타를 좋아하는 사람, 노래 부르기를 좋아하는 사람 등등 사람마다 자신을 행복하게 해 주는 것들이 다양하고 다르다.

이걸 더 자주, 더 많이 하면 행복은 더욱 증진된다. 나를 기쁘고 행복하게 해 주는 일을 더 많이 하라. 그만큼 더 행복해질 것이다. 내가 좋아하는 일을 하면 몰입이 쉽게 된다. 몰입은 행복이다. 행복한 시간은 빨리 흘러간다. 몰입하면 시간의 경계를 느끼지 못한다.

나를 기쁘게 해 주는 것들이 많을수록 행복도는 올라간다. 뭐 한 가지만 있어도 다행이다. 없는 사람도 있다. 없으면 만들어야 한다. 나를 행복하게 해 주는 일이 무엇인지 찾아서, 그 시간을 늘려 주어라.

미래에는 행복이 없다

...

어릴 적 생각해 보면, 초등학생 때는 중학생이 되고 싶었다. 중학생 때는 얼른 고등학생이 되고 싶었고, 고등학생 때는 수험생활을 빨리 청산하고 대학생이 되고 싶었다. 막상 대학생이 되니까 돈 버는 직장인이 되고 싶었고, 직장인이 되니까 결혼하고 싶었고, 결혼해서 아이 키우니까 얼른 애들 키우고 은퇴해서 놀고 싶어졌다.

지금까지 앞만 보고 달렸다. 현재의 위치보다는 미래에 뭐가 되고 싶다만 보고 온 것이다. 초등학생 때의 행복이 있었을 텐데, 괜히 중학생이 부러웠고, 중학생 때의 행복이 있었을 텐데 고등학생이 부러웠다. 이렇듯 미래에 뭐가 되면 행복한 줄 알고 지금까지 살아왔다.

내 위치에서 행복을 느껴야 한다. 미래를 보고 달려왔지만, 미래만 보고 달려가면 결국 죽음밖에 기다리고 있지 않다. 지금이 가장 행복한 때란 걸 기대하던 미래에 도달하게 돼서야 알게 된다. 뭐가 되면 행복할 줄 알았는데, 생각보다 행복하지 않음에 배신감을 느끼게 된다.

따라서 미래에 행복을 두지 말고, 지금 행복하여라. 애 키우고 아웅다웅 사는 현재에서 행복을 찾아라. 미래에 노후에 은퇴해서 매일 놀면 행복할 것 같지만, 이미 우리는 과거의 경험을 통해 그렇지 않다는 것을 깨달았다. 중학생이 고등학생이 되니까 행복했는가? 더 힘들었다.

감사합니다를 입에 달고 살라

...

신라 원효라는 스님이 있었다. 도를 구하기 위해 중국으로 떠나다가 해골 물을 마시고 깨달음을 얻어 유학의 길을 포기하고 다시 신라로 돌아와 구도의 길을 걷는 분으로 매우 유명한 스님이다.

이 스님으로 인해 불교가 대중화되었다. 그래서 유명한 거다. 그전까지 불교는 왕과 귀족의 종교였다. 하지만 원효에 의해 불교가 일반 백성까지 널리 퍼지게 되었다. 어떻게 가능했을까?

원효는 '나무아미타불'을 만들었다. 이것만 외면 누구나 성불할 수 있다고 설파했다. 글을 모르는 백성도 법문을 들을 기회가 없는 사람들도 이 '나무아미타불'만 외우면 도를 구하고 성불할 수 있다고 주장했다. 이리하여 많은 백성이 수시로, 무시로 '나무아미타불'을 읊조리며 삶의 시름을 이겨낼 수 있었다.

이렇듯 '감사합니다'를 입에 달고 살자. 감사하지 않아도 그냥 입버릇처럼 감사합니다라고 말하라. 감사하지 않은 일도 감사하게 되며, 더욱 감사한 일을 선물로 받을 확률이 높아진다. 말이 씨가 되듯, 감사를 무시로 읊는 사람에게 감사가 오면 더 오지 안 올 수가 없다. 놀면 뭐 하나, 쉴 때도 감사합니다를, 텔레비전 볼 때도 감사합니다를, 걸을 때에도, 밥을 먹을 때에도 감사합니다를 외자. 그러면 행복이 곁에 찰싹 달라붙을 것이다.

행복 센서의 볼륨을 높여라

...

행복하게 살기 위해선 행복을 감지하는 센서를 민감하게 만들어 놔야한다. 포근한 잠자리에 드는 것에 행복을 느끼는 사람이 있다고 치자. 그는 하루를 마치고 잠자리에 들 때 행복감을 느낀다. 매일 느끼는 행복감이다. 이 행복을 느끼는 센서를 더 높인다. 예전에는 80 정도로만 행복감을 느꼈다면, 센서를 높임으로써 100의 행복을 느끼는 방법이다.

그냥 행복한 게 아니고 오버하는 양 행복감을 느껴라. '아, 행복하다'가 아니라 '너무 행복하다'라고 오버해서 행복을 느끼라는 얘기다. 같은 것도 더 크게 느끼라는 거다. 행복을 느낄 때는 오버해야 한다. 오버하면 더 행복할 수 있다. 오버해서 행복감을 느끼면 진짜로 더 행복해지는 착각마저 든다. 착각이라도 좋다. 더 행복해지면 장땡이니까.

또한 행복을 느끼는 것을 여러 가지로 만들자. 아침에 기지개를 켤 때 시원하다면, 그 시원함을 오버해서 '아~ 너무 행복해'라고 소리치는 거다. 남들에게 별것 아닌 것을 나에게만은 특별한 것으로 만들어 행복감을 느껴라. 이런 게 하루 일과에서 10개 정도 되면 늘 행복하게 살 수 있다.

단, 행복감과 쾌락감을 혼동해서는 안 된다. 술을 마시고 술 취한 기분을 행복하다고 생각해서는 안 된다. 담배를 피우고 심신이 안정되는 것을 행복이라고 착각해서도 안 된다. 쾌락은 죄책감이 숨어 있다. 아무리 기뻐도 죄책감이 드는 행위는 행복감이 아니다.

가치 있는 일에 투신하라

…

행복을 밖에서 찾지 말라. 밖에서 찾으면 계속 찾게 된다. 찾아도 찾아도 늘 배가 고프다. 밖에서 아무리 찾아서 먹어대 봐야 허전해진다. 행복은 자신 안에 있다. 내 안에 있는 것으로 행복을 느껴야 오래가고 믿을 만하다.

소모나 소비를 통해 행복해질 수 없다. 늘 허덕인다. 내 안의 것을 느끼게 되면 어디 도망가지도 않는다. 내 안의 행복을 느끼면 도둑맞을 일도 없고, 줄어들지도 않는다. 내가 가치 있다고 생각하는 일에 투신하라. 그곳에 행복이 있다. 도망가지 않을, 늘 풍족한, 풍부하고 넘치는 그런 행복.

분주하게 살지 말라

...

분주하게 산다는 건 바쁘게 산다는 거다. 일을 해도 동시에 여러 가지 일을 처리하는 것이다. 조금의 쉼도 없이 닥쳐오는 일에 싸여 허덕거리는 것을 말한다. 모든 일을 혼자 다 떠안아야 속이 풀리는 삶을 사는 것이다.

옆에서 보기에 매우 열심히 사는 사람처럼 보인다. 그런데 정작 본인은 즐겁지 않다. 해야 할 의무만 가득 차 있는 주머니 속에 갇혀 있으니 자신에 대해 조금이라도 생각할 겨를이 없다. 나를 돌아보지 않게 되는 것이다.

내가 나를 챙겨 주지 않는데 과연 누가 나를 챙겨 주겠는가. 내가 나를 돌보는 시간과 과정이 있어야 하는데, 그런 과정이 없이 자신을 갈아 넣기만 하는 것이다. 그러니 당연히 행복하지 않다.

이렇게 사는 건 잘못 사는 거다. 아주 잘못된 방향으로 가고 있는 것이다. 시간이 지나 자연스럽게 해결되는 경우도 있겠지만, 그렇지 않다면 당장 그 버스에서 뛰어내려야 한다. 그 끝은 참혹한 죽음뿐이기 때문이다. 과로사.

이미 얻은 것을 원하라

...

고대 그리스 스토아학파를 창시한 제논은 이런 말을 했다.

삶의 행복은 마음의 평정에서 온다.
그 평온함은 욕심을 채우는 것이 아니라
욕심을 버리는 데서 찾을 수 있다.
네가 원하는 것을 얻으려 하지 말고,
이미 얻은 것을 원하라.

주요 단어만 뽑아 놓고 생각해 보면,
행복, 마음의 평정, 욕심, 욕심 버리기, 원하는 것, 이미 얻은 것.

스토아학파가 추구하는 것은 이성적 절제다. 절제를 통해 행복에 도달하는 것을 최고의 가치로 추구한다. 스토아학파의 대표적인 철학자로는 네로의 스승 세네카, 노예 출신 에픽테토스,《명상록》을 쓴 황제 마르쿠스 아우렐리우스 등이 있다.

위에 제논이 말한 부분에서 가장 핵심적인 표현을 고르라고 하면,
'이미 얻은 것을 원하라'를 고르고 싶다. 이순신 장군이 이길 수 있는 전
투만 해서 23전 23승을 했듯이, 이미 얻은 것을 원하면 행복과의 전투
에서 전승할 수 있으리라.

지금 행복하여라

...

미래의 행복을 위해 지금의 행복을 포기하지는 말라. 오지도 않을 미래의 일에 자신의 삶을 저당 잡히지 말라. 그보다는 지금의 행복을 구하는 것이 더 슬기롭다. 오늘의 행복이 쌓여 내일의 행복이 되는 것이지, 내일의 행복을 위해 오늘의 행복을 포기해서는 안 된다.

고기도 먹어 본 놈이 먹는다는 말이 있다. 성공도 작은 성공이라도 해본 사람이 성공하는 것이고, 놀아 본 사람이 잘 놀 수 있는 것이다. 행복도 누려본 사람이 누릴 수 있다.

게임을 한 판 끝내고 다시 할 수 있는 것처럼 인생을 두 번 살 수 있다면, 지금의 행복을 포기하고 미래의 행복만 추구하며 살아도 될 것이다. 이게 잘못된 것을 깨닫고 다시 한 판 하면 되기 때문이다. 그런데 우리는 딱 한 판만 산다. 그러니 지금의 행복을 포기하지 말라.

인도의 한 현자는 이런 말을 했다.

"행복해지고 싶거든 행복하여라."

행복의 비법은 따로 없다. 바로 지금 행복하면 된다.

행복을 어떻게 얻으라고? 지금 만족하고, 지금 더 많이 웃고, 지금 더 많이 감사하고, 지금 더 많이 사랑하라. 지금 더 많이 행복하라.

행복의 양은 다르다

...

사람마다 느끼는 행복의 양은 다르다. 이는 보통 성격에 의해 결정된다. 밝고 긍정적인 성격인 사람이 느끼는 행복 양이 더 많다. 비관적이고 부정적인 사람은 행복 양이 훨씬 떨어진다. 같은 일도 어떤 성격을 가지고 있느냐에 따라 행복을 느끼는 정도에 차이가 생긴다.

많은 행복을 느끼고 싶다면 사소한 것에도 행복을 느끼면 된다. 밥 먹을 수 있는 행복, 걸어 다닐 수 있는 행복, 텔레비전 보면서 소파에 누울 수 있는 행복을 느끼면 된다.

반대로 행복하지 않게 살고 싶다면 큰 것에만 행복을 느끼며 살면 된다. 로또 1등 당첨, 아파트 청약 당첨, 임원 승진, 자기가 산 주식 폭등. 이런 일들은 자주 발생하지 않는다. 살면서 한 번 올까 말까다. 당연히 행복할 시간이 없다.

행복해지고 싶다면 성격부터 개조하자. 완전히 바꾸자는 얘기가 아니다. 지금보다 조금 더 긍정적으로, 지금보다 조금 더 낙천적으로, 이 정도만 하면 어제보다는 훨씬 더 행복해질 수 있다.

행복은 태도에 달렸다

...

상황이 있다. 그리고 내가 있다. 내가 바라는 대로 상황이 흘러가면 행복해진다. 반대로 내가 바라는 대로 상황이 흘러가지 않으면 불행해진다.

상황은 내가 컨트롤 할 수 없다. 하지만 나는 나를 제어할 수 있다. 나의 생각을 변화시키면 상황과 나의 기대를 맞출 수 있다. 나의 기대를 낮추면 행복해질 수 있다. 욕심을 버리면 행복해질 수 있다는 불교적, 쇼펜하우어적 행복론이다.

아예 바람 자체를 갖지 않는 무욕의 자세면 바로 행복할 수 있다. 기대하는 게 없으니, 욕심이 없으니 행복해진다.

좋다. 근데 좀 심심하다. 산송장 같은 느낌이다. 좀비같이 살라고 하는 것 같다. 이 점에서 뛰쳐나온 인물이 니체다. 니체는 고통을 껴안아서라도 노력해 보라고 한다.

답은 없다. 얼굴 생김새가 다르듯 각자의 취향에 맞게 취사선택하면 된다. 행복에는 절대량이 없다. 상대적인 거다.

행복은 바로 옆에 늘 있었다

...

도를 찾아 떠나는 수행자들이 있다. 구도의 길은 멀고도 험하다. 그런데 그들은 돌고 돌아 결국 자신의 출발점에 다시 돌아와 도를 찾았다고 말한다. 결국 도라는 것이 바로 옆에 있었는데, 등잔 밑이 어둡다고 그걸 알아보지 못하고, 멀리 돌고 돌아 제자리로 돌아온 다음에야 그 사실을 알아차리는 것이다.

행복도 마찬가지다. 바로 옆에 있는 줄 모르고 앞만 보고 달려간다. 열심히만 하면 행복이 다가올 줄 믿고 열심히 달린다. 행복은 그만 달리라고 말하는데도 그걸 알아차리지 못하고, 행복을 찾아 그저 열심히 뛴다. 행복 같은 것을 찾았다 싶을 때는 그 행복은 또 멀리 도망가고 그걸 또 좇느라 노력과 시간을 허비하고 끝내 지쳐 쓰러진다. 진정 행복을 찾는 것인지, 아니면 행복을 찾으려는 행위 자체를 즐기는 것인지 헷갈리게 된다.

행복은 주변에 늘 존재한다. 자신이 그걸 깨닫지 못하고 있을 뿐이다.

'물이 반이나 남았네'라고 느끼는 것이 바로 행복이다. '열심히 일하고 따뜻한 저녁 한 끼를 먹을 수 있네'라고 느끼는 것이 바로 행복이다. 모든 것이 다 행복 거리인데 그걸 모르고 나중에 잃고 나서야 그게 행복인 줄 안다.

절제가 행복이다

...

진정한 행복을 누리려면 자기를 절제해야 한다. 담배로부터 행복하려면 담배를 끊어야만 한다. 담배에 중독되어 있으면, 담배에 속박당하는 것이다. 속박당하면 행복하지 않다. 술로부터 행복하려면 술을 끊어야 한다. 술에 중독되어 있으면 술에 속박당하는 것이다. 속박은 행복하지 않다. 도박으로부터 행복하려면 도박을 끊어야 하고, 비만으로부터 행복하려면 식탐을 끊어야 하고, 섹스로부터 행복하려면 성욕을 끊어야 한다.

많은 것을 끊게 되면 삶이 단순해진다. 단순한 삶을 살다 보면 거리낌이 없어진다. 돈도 많이 필요하지 않게 되면서 누구의 눈치도 볼 필요가 없어진다. 자신을 구속하는 것들이 없어지니 행복할 수밖에 없다. 돈 욕심을 끊으니, 회사에 목숨 걸 필요도 없어지게 된다. 승진욕을 끊으니 상사에게 잘 보이려는 마음도 없어진다. 먹고살기 위해서 아득바득 살던 행태 또한 없어진다. 없으면 없는 대로, 거리낌 없이 살 수 있다.

가기 싫은 회사지만, 승진도 하고 임원도 되어서 많은 돈을 받았으면 좋

겠다고 생각하는 순간부터 승진, 상급자의 눈치, 성과 등등에 얽매이게
된다. 하루하루 살아가는 게 힘들어질 수 있다. 하지만 승진, 임원, 많은
돈을 절제하는 순간부터 행복이 느껴진다. 자신에게는 필요 없기 때문
이다.

사람과 같이 있어 행복하다

...

가장 행복했던 순간들을 각자에게 물으면 여러 가지 대답이 나오지만 공통적으로 누군가와 함께했을 때를 행복한 순간들로 많이 꼽는다. 사랑하는 가족과 함께 여행을 가서 맛있는 음식을 먹는 게 최고의 행복일 수 있고, 동료들과 함께 어떤 프로젝트를 성공했을 때 행복하다고 말할 수도 있다.

우리는 서로 엮어서 살아야 할 존재들로 이미 태어났다. 우리의 조상들인 오스트랄로피테쿠스 때부터 그렇게 살게 유전화되어 있다. 서로 보듬고 서로 도와주고 의지되어 주는 존재들로 살게끔 이미 맞춰져 있다. 그리해서 우리는 누군가와 함께 있을 때 더 행복하다.

주변은 엉망인데, 나 혼자 잘 먹고 잘산다고 행복할 수는 없다. 나를 아끼고 나를 걱정해 주는 사람이 없이 홀로 행복감을 느낄 수 없다. 부모가 다 돌아가시고 사랑하는 이 없이 혼자 사는 사람이 온전한 행복감을 느낄 수 없을 것이다. 이혼을 한 사람이 재혼을 하는 이유가 여기에 있다. 지긋지긋했던 결혼 생활을 끝내고 혼자면 행복할 줄 알았는데, 혼자가 되어 보니 다시 누군가가 필요해서 재혼을 하는 이유가 다 여기에 있는 것이다.

미시간 홉대학 심리학 교수 데이비드 마이어스는 "좋아하는 친구와 가까이 지내며 긴밀하고 평등한 관계를 유지하는 것처럼 행복한 일은 없다"라고 했다.

미국 CNBC 방송에서 하버드대가 1938년부터의 성인 삶에 관한 연구를 시작해 지금까지 724명의 삶을 추적한 결과를 보도했다. 연구책임자인 로버트 월딩거(정신과 의사) 박사는 "행복하고 성공적인 삶을 영위한 사람들은 가족, 친구 그리고 공동체와의 관계를 중시하는 사람들"이었다고 밝혔다.

부가 행복을 가져다주지 않는다

...

우리나라는 김구 선생이 꿈꾸던 문화강국이 되었다. K-POP, K-드라마로 전 세계에 위상을 떨쳤고, 선진국 반열에 올랐다. 1945년 식민지의 나라에서 급속하게 성장하여 선진국의 대열에 동참하게 되었다. 경제적으로 부자가 되었다.

그런데 우리나라의 행복 지수는 처참하다. 유엔 산하 자문 기구 '2022 세계 행복 보고서'에 따르면, 146개국 가운데 59위에 위치했다. 부자가 되었어도 행복하지 않았다는 뜻이 된다. 부와 행복은 비례하지 않다는 걸 알 수 있다.

1위는 핀란드, 2위는 덴마크, 3위는 아이슬란드였다. 경제 대국 미국은 16위에 그쳤고, 중국도 순위권 밖이었다.

자본주의 사회에서 돈을 많이 가지면 행복할 것 같지만, 아니다. 그런데 우리는 행복해지기 위해 많은 돈을 가지려고 노력하고 있다. 경제적 자유를 이루는 것이 꿈이라고 말하고, 20억을 얼른 벌어서 파이어족이 되어 일찍 은퇴하는 것이 꿈이라고 말한다. 돈을 많이 벌면 행복할 줄 알고 있는데, 실상은 그렇지 않다.

인생은 딱 한 번 사는데, 잘못된 길을 가고 있다는 걸 깨달았으면, 얼른 궤도를 수정해야 한다. 행복으로 가는 길은 성공도 부자도 아니다. 그 길에서 얼른 빠져나와야 한다. 진정한 행복을 이루는 방법을 다시 찾아야 한다.

세계 1위 부자를 목표로 삼는다면 그 길은 참으로 힘들고 요원할 것이다. 하지만 세계 1위 행복한 사람을 목표로 삼는다면 지금 당장에라도 이룰 수 있다. 이처럼 쉬운 길이 있는데, 왜 우리는 자꾸 멀리 돌아가려 하는가?

불평하지 말라

...

살다 보면 힘든 시기가 반드시 온다. 힘들 때 어떤 사람들은 불평을 한다. 맘에 들지 않기 때문이다. 그런데 불평한다고 힘든 것이 없어지나? 없어지던가? 없어질까?

불평을 한다고 해서 해결되지 않는다. 이는 모든 사람이 이미 겪어본 일이기에 더 이상 말을 할 필요도 없다. 그럼에도 불구하고 불평을 한다. 왜? 말이라도 해야 직성이 풀려서일까? 지렁이도 밟으면 꿈틀거리듯 소리라도 빽 질러야 속이 후련해지니까 그러는 걸까?

불평하는 순간 감사하는 마음과 멀어진다. 감사에서 가장 멀어지는 자세가 불평이다. 불평하는 것은 나는 감사하며 살지 않겠다는 선언과도 같다. 불평하는 사람에게는 절대로 감사의 마음이 생길 수 없다. 불평하는 사람은 감사를 포기한 사람이다. 감사를 포기한 사람은 곧 행복하게 살지 않겠다고 선언하는 것과도 같다.

행복하게 살려면 늘 감사의 마음을 지녀야 한다. 그런데 불평을 한다고? 행복해지고 싶지 않은 거다. 불평의 마음이 생기면 과감히 던져버려라. 어디로? 저 멀리 버려라. 어떻게? 고개를 좌우로 이리저리 돌리면서, 뺨따귀를 때리면서, 가슴을 팍팍 치면서 불평의 기운을 몸 밖으로 빼내어라. 그리고 그 빈자리를 조용히 감사로 채워 넣어라.

그래도 불평이 사라지지 않는다면 '불평일기'를 써 보자. 불평 사항을 말로 해서 남을 피곤하게 만들지 말고, 조용히 책상에 앉아 불평 일기를 쓴다. 불평과 불만 사항을 죄다 적어 놓는다. 마음이 후련해질 때까지 1시간이고 2시간이고 적는다. 마음이 차분히 가라앉을 때까지 쓴다. 그러다가 마음의 안정이 찾아오면 그 적어 두었던 종이를 불에 태워 날려 보내자. 불 사용이 용이치 않으면 땅속에 파묻어 버리자. 컴퓨터로 쳤으면 그 파일을 프린트해서 손으로 좍좍 찢어 벌겨 버리자. 그저 파일을 휴지통에 버리는 것만으로는 안 된다. 뭔가 물적인 물리적 마찰이 필요하다. 좍좍 찢던지, 불태우든지, 물 태우든지. 씹어 삼키든지.

좋아하는 일보다는 잘하는 일을 하라

...

다음 질문에 답해 보자.

1) 좋아하는 일을 해야 할까?
2) 잘하는 일을 해야 할까?

위 둘 중 어느 것을 해야 우리는 행복해질까?

답은 2)번이다. 2)번을 해야 행복해질 수 있다.

연기를 못하는 사람이 연기가 좋아서 배우가 된다고 치자. 배우가 될 수 없다. 왜? 아무도 뽑아주지 않는다. 왜? 연기를 못하니까. 그는 배우가 되어도 단역 정도에 그칠 것이다. 왜? 못하니까.

연기를 못하는 사람이 잘하는 게 하나 있었다. 기타를 무진장 잘 쳤다. 그는 기타로 돈을 벌 수 있을 정도였다. 음악 카페에서 기타 연주로 돈을 벌 수 있었다. 박수도 받았고, 지역 명물이 되어갔다. 그는 은근히 행복해졌다.

좋아하는 일이었던 배우 생활은 실패로 끝났는데, 잘하는 기타로 명성을 얻고 경제적 이득을 봤다. 좋아하는 일로는 행복할 수 없었다. 이게 현실이다.

행복해지고 싶거든
좋아하는 일을 하기보다 잘하는 일을 하라. 좋아하는 일은 그저 취미 정도로만 하면 딱이다.

비교하지 말라

...

비교는 불행
감사는 행복

비교하는 순간부터 불행이 시작되고,
감사하는 순간부터 행복이 시작된다.

아무리 많이 가진 사람도 자신보다 더 많이 가진 사람과 비교하게 되면 불행해지지만, 아무리 적게 가진 사람도 가진 것에 감사할 줄 안다면 곧바로 행복한 삶을 살 수 있다.

비교하려는 마음이 앞선다면, 당장 그 생각을 떨쳐버려라. 비교하려는 마음 대신에 자신의 가진 것에 대해 감사를 시작해 보라. 감사할 줄 아는 사람이 행복한 삶을 살 자격이 있는 것이다.

인간은 누구나 행복한 삶을 추구한다. 더 많이 가지면 행복한 줄 착각하며 산다. 더 성공하면 행복해지는 줄 안다. 더 이름을 날리면 행복한 줄 안다. 하지만 자신이 가진 것에 감사하는 마음을 갖지 못하면 아무리 많이 가져도, 아무리 많이 성공해도, 아무리 많이 이름을 날려도 행복할 수 없다.

행복하기를 원한다면 지금 당장 자신이 가진 것에 대해 감사부터 시작하라.

이 책을 아직 태어나지 않은 나의 증손자에게 드립니다.